全国教育科学"十三五"规划 2018 年度教育部重点课题"广州市提升中小学生阅读素养的途径与策略研究"（课题批准号 DHA180415）研究成果

深度汇谈　智慧分享
——世界咖啡屋教学实践指导

聂　勇　著

图书在版编目（CIP）数据

深度汇谈　智慧分享：世界咖啡屋教学实践指导／聂勇著．－－北京：中国书籍出版社，2020.12
ISBN 978-7-5068-8330-6

Ⅰ.①深… Ⅱ.①聂… Ⅲ.①课堂教学—教学研究—中小学　Ⅳ.①G632.421

中国版本图书馆 CIP 数据核字（2021）第 010207 号

深度汇谈　智慧分享——世界咖啡屋教学实践指导
聂　勇　著

责任编辑	张　娟　成晓春
责任印制	孙马飞　马　芝
出版发行	中国书籍出版社
地　　址	北京市丰台区三路居路 97 号（邮编：100073）
电　　话	（010）52257143（总编室）（010）52257140（发行部）
电子邮箱	eo@chinabp.com.cn
经　　销	全国新华书店
印　　刷	天津和萱印刷有限公司
开　　本	710 毫米×1000 毫米　1/16
字　　数	220 千字
印　　张	13.5
版　　次	2021 年 12 月第 1 版
印　　次	2021 年 12 月第 1 次印刷
书　　号	ISBN 978-7-5068-8330-6
定　　价	70.00 元

版权所有　翻印必究

| 推荐序 |

课堂教学改革的关键是课堂教学文化地重塑。当咖啡屋作为一种课改模式的关键词映入眼帘时，我倍感新奇。因为咖啡屋代表着一种轻松愉悦、平等交流的文化，而这种文化正是当前课堂教学中比较缺失的。

几年前，在参加教师培训的过程中，聂勇老师初次体验世界咖啡屋教学方式，就认识到世界咖啡屋与当前的教学要求相适应，可以成为一种可改造、可深化的新式教学理念。在那之后，聂勇老师将世界咖啡屋深入地运用在了课堂教学中，并在教学实践中申请了全国教育科学规划（教育部重点）课题——《广州市提升中小学生阅读素养的途径与策略研究》。

聂勇老师通过运用世界咖啡屋课堂组织形式进行教学，对咖啡屋教学模式进行了系统建构，从教学原则、教学流程和评价指标体系等方面都取得了丰硕成果，同时也得到了老师、学生以及家长的高度认可。

咖啡屋的教学模式因其能够探索真正重要的问题、鼓励每个人参与贡献、交流并连接不同观点、收获并分享集体智慧等特点，很好地补充了传统教学中存在的不足之处。咖啡屋有意境，有丰富的想象空间，代表着一种轻松愉悦的课堂教学文化。新时代教学强调培养能积极主动学习和研究的合作创新型人才，世界咖啡屋作为应用学习型组织正是实现这一目标的有效途径。

这本书凝聚了聂勇老师潜心研究的点点心血，映衬出她求真务实、不断求索、奋进创新的感人风采。这其中，有探究教学的感悟，有锐意探索的新见解，有宝贵经验的总结。作为读者，我们可轻易地领略到研究者的自主反思，窥测到世界咖啡屋新模式的运作轨迹，还可体验到读有所获的内心自然的欢喜。因为她，处处透出实践的智慧，散发着课改的芳馨。

　　日本学者佐藤学提出，"学习的快乐在于走向对话"，这与世界咖啡屋的核心理念和课堂表现形式不谋而合。我想，世界咖啡屋也许真的可以为中国的教学注入一种文化，一种可以承载的开放自由、平等参与、相互尊重且紧跟时代潮流的新教学文化。

广东第二师范学院　博士　教授

前　　言

世界咖啡屋是一种创造集体智慧的汇谈办法，曾被广泛应用于问题解决和工作创新的场合。它可以激活团队集体智慧，启发团队创新思维，从不同的角度定义问题和分析问题，探索问题的有效解决方案，推动工作的持续创新与高效执行。

在长期的教学中，我们发现如果将世界咖啡屋应用于课堂教学中，对于增强学生的合作学习、创新思维、交流协作的能力大有裨益。《国务院关于基础教育改革与发展的决定》指出："鼓励合作学习，促进学生之间的相互交流、共同发展，促进师生教学相长。"在新一轮基础教育课程改革中，合作学习成为人们大力倡导的学习方式。发展到现在，传统课堂的合作学习模式的弊端已逐渐显现，具体表现在：（1）合作学习效果差，教学目标无法在短时间内达成或者合作学习不能深入开展；（2）小组的交流、讨论、评价只局限于有限的几个人，各个小组成员的思想没有更大范围的链接，思想的火花没有更大范围的碰撞；（3）集体智慧的展示单一。

作为一种行动导向教学方法，世界咖啡屋教学方式给同学们提供了分享交流的平台，也让同学们能在自由的空间里尽量表达自己的看法。

其一，世界咖啡屋教学方式给了同学们许多便利，所有同学的身体不再像在课堂里一样受到束缚，可以坐、站、走动。所有同学都能参与对问题的讨论，进行思维的碰撞。所有同学都可以在全班同学面前进行展示，说出本组研究的结果。这种教学方式活跃了思维，解放了身体和思想，让他们勇于表达自己的意见。

其二，世界咖啡屋教学方式彰显了学生的主体地位。在多轮的探究中，学生积极思考，碰撞思维的火花，在课堂上占主体地位，个性得到充分地发挥。

其三，培养了桌长的组织能力和同学们的探究能力。在问题抛出后，每组组员如何有序地进行思考、分享、聆听、合作，怎样把讨论所得用思维导图呈现出来，这需要桌长的组织和协调能力。桌长是本组推选出来的，随着课堂研讨的深入，桌长的组织和协调能力也逐渐提高。世界咖啡屋教学方法也培养了同学们的探究能力，在一轮轮的头脑风暴中，同学们运用各种方法深入探究，积极表达自己的思想。

世界咖啡屋式教学让教学活动变得更加精彩，非常值得我们所有的老师去研究、去推广。

在本书写作过程中，刘玉莲、谢泳庄、江晓娜、许淑仪、吴冬梅、吴影霞、谢彬、何华栩、黄细兰、熊幸、祝新、赖燕琼、胡婷婷、张勇、林惠、毕伟清、原露施、梁婉明、谭婉青、王勇、周育筠等老师提供了相关案例和资料，在此特别表示感谢。

目　　录

第一章　绪　　论 ……………………………………………………（1）
　第一节　研究背景及意义 ………………………………………（1）
　第二节　理论基础 ………………………………………………（3）
　第三节　研究内容与方法 ………………………………………（5）

第二章　世界咖啡屋与教学 ……………………………………（9）
　第一节　世界咖啡屋及其特征 …………………………………（9）
　第二节　世界咖啡屋与教学的结合 ……………………………（11）
　第三节　咖啡屋课堂是一种动态课堂 …………………………（13）

第三章　咖啡屋教学的原则 ……………………………………（19）
　第一节　探索真正重要的问题 …………………………………（19）
　第二节　鼓励每个人参与贡献 …………………………………（20）
　第三节　交流并连接不同观点 …………………………………（20）
　第四节　收获并分享集体智慧 …………………………………（21）

第四章　咖啡屋教学设计 ………………………………………（23）
　第一节　咖啡屋教学环境布置要求 ……………………………（23）
　第二节　咖啡屋教学小组的构建 ………………………………（25）
　第三节　咖啡屋的教学流程 ……………………………………（26）
　第四节　咖啡屋教学中教师的主持艺术 ………………………（28）

第五章　咖啡屋教学实践 ………………………………………（30）
　第一节　咖啡屋在语文教学中的实践 …………………………（30）
　第二节　在语文古诗词教学中的运用分析 ……………………（34）
　第三节　在语文小组合作学习中的运用分析 …………………（38）

第四节　在语文阅读教学中的运用分析 …………………………（41）
　　第五节　在语文写作教学中的运用分析 …………………………（44）
第六章　咖啡屋语文教学具体案例 ……………………………………（49）
　　第一节　散文咖啡屋案例 …………………………………………（49）
　　第二节　诗歌咖啡屋案例 …………………………………………（62）
　　第三节　戏剧咖啡屋案例 …………………………………………（77）
　　第四节　小说咖啡屋案例 …………………………………………（80）
　　第五节　作文咖啡屋案例 …………………………………………（100）
　　第六节　文言文咖啡屋案例 ………………………………………（111）
　　第七节　非连续文本咖啡屋案例 …………………………………（120）
　　第八节　混合文本咖啡屋案例 ……………………………………（129）

第七章　咖啡屋其他课程教学具体案例 ………………………………（154）
　　第一节　咖啡屋心理课堂案例 ……………………………………（154）
　　第二节　咖啡屋英语课堂案例 ……………………………………（168）

第八章　咖啡屋教学研究的结论与反思 ………………………………（185）
　　第一节　咖啡屋教学模式的研究成果 ……………………………（185）
　　第二节　咖啡屋教学模式的研究反思 ……………………………（194）

附1　咖啡屋教学调查问卷 ………………………………………………（196）
附2　咖啡屋学习过程评价表 ……………………………………………（201）
附3　咖啡屋思维导图评价表 ……………………………………………（203）
附4　咖啡屋学生汇报展示评价表 ………………………………………（204）
附5　咖啡屋课堂评价表 …………………………………………………（205）

参考文献 …………………………………………………………………（207）

第一章
绪　　论

第一节　研究背景及意义

在传统的课堂教学中，很多教师采填鸭式教学，由教师讲解，学生被动接受。

很多教师认为，上课就是教师讲解，甚至认为自己不讲，学生就不懂，讲得越多，学生懂得越多，讲得越少，学生懂得越少。

近年来，课堂教学虽然有一定改变，例如，电脑、多媒体等教学手段的介入，但是以教师讲解为主的上课模式依然占主流，大部分学生只有听的权利，没有讲、议和问的权利。

通常，教师仅仅在课堂上告诉学生什么是正确的，而不去关注学生是怎么思考的。其实，学生在学习前，头脑里常常不是空的，学生有着已有的知识、经历和方法，有的有助于对新学知识的掌握，甚至会产生"闪光点"。这就需要教师在课堂教学中加以启发引导。

因此，教育需要走向对话，在对话中暴露"相异构想"，帮助学生真正学会知识，而这一点在现有的课堂教学中是远远不够的。

针对以上问题，我们将世界咖啡屋的教学理念及教学方法引入中小学语文、英语和心理课程的教学过程中，并做了尝试性的探索研究。

世界咖啡屋这一理念是美国人朱尼特·布朗和伊萨斯·戴维在其著作《世界咖啡——创造集体智慧的汇谈方法》(The World Café: Shaping Our Futures Through Conversations That Matter)一书中首次提出的，同时他们阐述了世界咖啡屋可视化的具体过程。世界咖啡屋的环境要像咖啡屋一样布置，几个人坐在一桌开始讨论，大约持续20到45分钟。每一轮结束的时候，一个人仍然留在这个桌子上作为主持人，另外的人串到其他的桌子。桌子的主持人欢迎这个桌子的新参与者并和他们共享此前的会议精华，新参与者叙述他们带来的会议线索，这个桌子的讨论继续进行，并随着新一轮讨论的开始得到加深。三轮或更多轮以后，整个小组集合在一起分享并探究出现的主题、领悟和学习结果，通过图表或者其他方法将整个小组的共同智慧展示给每个人。

这种世界咖啡屋式汇谈（World Café，简称世界咖啡屋）是创建学习型组织理论中发展出来的一种集体智慧激发模式。即通过营造好友们相聚在一起喝咖啡聊天的情景和氛围，在真诚互利和共同学习的精神下，进行心无障碍的轻松交流和畅谈，让深藏的思想碰撞出火花，形成集体智慧并且分享集体智慧。

世界咖啡屋式汇谈不是一种单向的信息传递，也不是为了追求一定要达成确定的结论和答案，而在于强调通过集体汇谈，广泛征集不同的见解，在与他人平等思维碰撞的过程中，不断激发新的智慧。世界咖啡屋式汇谈的运用，对战略构想、知识创造、快速创新以及大规模变革，都有着立竿见影的启示作用。

目前，国内外的一些论坛和培训机构均用世界咖啡屋的形式探讨一些重要问题或事件，取得了很好的效果。人们把世界咖啡屋称为"行动学习之世界咖啡工作坊""开启智慧：深度汇谈工作坊""心灵对话：世界咖啡工作坊"。现在，国内很多高校也将世界咖啡屋形式引进教学当中。世界咖啡屋式教学，不仅提升了大学生理论联系实际解决问题的能力，而且对创建高效学习型组织，培养大学生终身学习、团队合作、创新进取观念也有重要意义。

将世界咖啡屋的理念方法引入课堂，让学生在课堂上用世界咖啡屋的方式进行学习，可以强化学生在学习过程中的主体参与性，完善教学过程，让学生在宽松平等的环境中，通过可视化、可移动的交流，产生共鸣和灵感，激发出意想不到的创新点子。这样的课堂调动了学生的学习积极性，使学生的主体能力得到了充分的发展。同时，在这个过程中教师也可以通过把握时机、适时引导，推动教学向着更深层次的多向互动发展，培养学生的合作技巧和精神。

第二节 理论基础

一、最近发展区理论

最近发展区理论是由苏联教育家维果茨基提出的。维果茨基将实际发展水平与潜在发展水平之间的距离称之为最近发展区，他认为教师应当关注学生最近发展区，促使学生可以跨越最近发展区，从而进入更高的发展阶段。除了教师的教学，学生之间的合作以及自主学习也能够突破最近发展区，他们通过自我反思以及交流思考，达成共识，完成学习目标。

皮亚杰注重守恒，他认为，认识的发展是从平衡到不平衡，然后再次进入平衡的过程。儿童的认知通常处于平衡的状态，当遇到全新的刺激的时候，才会导致其认知出现不平衡，之后通过与他人的相互作用，再次恢复到平衡的状态。皮亚杰认为，社会经验知识只能在与他人的相互作用中获得。在个体在进行相互合作的过程中，往往会产生认知上的冲突，并有效激发其个体在认知上全方位发展。

二、选择理论

选择理论主要是强调人需要的满足。该理论认为，学校是满足学生需要的地方，学生本身就存在四种需求，即归属感、影响力以及自由与快乐，这些需求的满足就可以促使学生感受到快乐。不喜欢学习的学生并不是因为自身的原因，而是学生不愿意去学习，需要学校创设条件，有效满足学生实际学习需求，这样学生才会真正地进入到学习的状态中去。

三、元认知理论

元认知这一理论主要是在20世纪70年代由弗拉维尔所提出的。弗拉维尔将元认知划分为两个基本要素，即元认知知识和元认知体验。

元认知是人们对思维活动的自我体验、自我观察、自我监控和自我调节。其实质就是对认知活动的自我意识、自我控制。

元认知理论为教学活动提供了有效的理论借鉴，在具体的教学的过程中，学生应积极进行元认知调节，并对自己的学习过程进行深入有效的管理，合理控制，而教师应注重培养学生的元认知水平的提升，关注学生的学习能力的培养。

四、建构主义理论

建构主义学习理论强调以学生为中心，学生是学习主体，是知识主动建构者，它强调学生对知识主动探索、主动发现和对所学知识在原有经验基础上的意义生成。把世界咖啡屋引入教学中，可以为学生提供更充分的学习时间与表达机会，让学生在课堂中充分发挥其主动建构学习过程，并通过老师为其创设的合作与互动学习情境进行头脑风暴学习，使思维与智慧相互交流和启发，并得到共同进步和提高。在课堂中老师鼓励学生广开思路，用自己语言把想法和认识表达出来，对所学内涵和外延进行探讨和争辩，达到培养学生分析问题和创造性解决问题能力，从而培养其自主学习能力和创新能力。

教学模式实践策略及评价策略的实施直接关系到教学效率，本书站在世界咖啡屋教学模式的基础上探究其实施策略与评价策略，结合学生的身心特点，将理论研究与实践研究相结合，对其进行深入分析。

第三节 研究内容与方法

一、预设目标

本课题的研究是以语文、英语、心理三个学科展开的。在具体的教学研究中，不仅有实践的操作、理性的思考，更要构建理论和实际有机结合的各科的世界咖啡屋课堂模式，使课堂具有可操作性、示范性。研究的对象也是不同层次的，心理课实验班是初一，语文课实验班是初一、初二、初三和小学高年级，英语课初一、初二。主要目的是在试验中检验世界咖啡屋教学模式是否适合不同年龄段的学生，进而修正实验，结合实际，有针对性地、有效地开展教学实践和研究，使得各学段的学生能在世界咖啡屋教学模式中得到最好的学习效果。

课题成果预设形式有中期研究报告、调查问卷、教学案例、课例分析、研究论文、结题报告，等等。

二、主要研究内容

学科方面包括：语文学科阅读欣赏课咖啡屋课堂教学的实验研究，包括现代文阅读、文言文阅读、古诗词阅读欣赏课等的研究；语文学科作文写作课咖啡屋课堂教学的实验研究；语文复习课咖啡屋课堂教学的实验研究；英语课咖啡屋课堂教学的实验研究；心理课咖啡屋课堂教学的实验研究。

课堂组织方面包括：（1）研究课堂组织形式，含环境布置、人员安排（如小组的建立，达到我们所说的"组内异质""组间同质"的要求）、轮换方法、主持人管理（主持人管理为研究核心）、记录、参与发动等。（2）研究咖啡屋型课堂教学实施设计的原则，如创造宜人的环境，探究相关问题，鼓励每个人的贡献、糅合、联系不同的观点，一起聆听、洞察问题并加深对问题的理解、接受并分享共同的发现等。(3) 研究解决团队学习障碍的策略. (4) 研究集体智慧展示的方法。根据世界咖啡屋的程序，在探讨结束后，各成员要回到最初的团队中，形成组织共识，领悟学习结果，通过图表或者其他方法将整个小组的共同智慧展示给每个人。(5) 研究评价和激励机制，在汇报评价中注意鼓励科学性、实效性、特色性，使学生养成踏实、务实、创新的习惯。

三、研究方法

在世界咖啡屋教学实践中，我们主要采用的研究方法包括行动研究、实验研究、比较研究，并结合案例研究、问卷调查法、评估法、文献研究法等进行。

四、研究过程

在研究中，课题组成员共同学习，探索世界咖啡屋的应用原则，在本区研学教的大背景下，把握最新的课堂改革教学理念，为课题的顺利开展做好了准备，也为学生的成长提供了新的平台。

（一）研究准备阶段

课题组成员进行理论学习，提高理论水平。我们采用集中学习和分散学习相结合的方式，通过各种渠道查找有关世界咖啡屋的各种资料，加深了对世界咖啡屋理论的理解。同时，通过文献研究法搜集、整理学生在学习活动中心理状态等方面的文献资料，对学生进行了问卷调查，发现学生在交流活动中出现的问题，初拟了对策。

如语文学科设计了调查问卷。调查问卷主要侧重以下几个问题：在小组交流中你的独立思考是怎样的？你是否勇于发表自己的见解？你是否只顾展现自己，而忽略倾听他人的见解？你有帮助过别人的体验吗？通过问卷的分析，明确了深度汇谈小组的建构原则是要关注学生的学习品质和学习习惯。教学上的准备是在课堂上培养学生学习兴趣，养成从多个方面去思考问题的习惯。

英语咖啡屋课堂教学的实验研究，在准备阶段，先是大量阅读有关咖啡屋的文献及相关资料，获得了充分的理论指导；接着是学习之前相关老师在这方面做的研究课例，吸收经验；之后，开展学生对咖啡屋教学和模式的认识培训，并不断思考咖啡屋整合教学的方式方法，以使课题研究顺利开展。

再如心理课咖啡屋课堂教学的实验研究中，确定研究思路为：进行对比研究，世界咖啡屋学习心理课实验班与对照班各两个，对四个班学生进行《青少年生活满意度量表》与《简版优点问卷》的测试，了解学生的情绪情况与性格优势；在两个实验班开展世界咖啡屋学习心理课的实验，形成一定的课例与论文；在后期对实验班与对照班四个班的学生再次实施《青少年生活满意度量表》与《简版优点问卷》的测试，对前后两次的测试结果进行对照分析，得出结论，为实验提供数据支持。

（二）研究实施阶段

课题组成员在相关原则的指导下，重点研究课堂选题、组织形式，制定课堂讨论规则，建立适合学生的学科规则，进行课堂流程的设计与实施，并在课堂中实验和修正，建立适合中小学生、适合学科的咖啡屋的讨论原则。

研究实施中，各学科都积累了教学案例。下面以《我爱我家》主题作文指导为例，介绍课堂案例的实施及总结反思过程。

1. 教师设定有价值的问题

对于《我爱我家》，教师设定的问题有以下几个：第一，大家对"家"的含义耳熟能详，写作时要注意选用紧扣主题、真实典型的材料，尤其注意材料的新颖。所谓"新"，就是材料能够深刻反映主题，但不平庸、不落俗套。第二，要思考"家"什么地方值得我爱，我用什么方式去爱，我是如何感受到"家"的氛围的。在选材上，我们要从小事入手，从细微处见精神，以小见大，突出"家"的内涵。在写作内容上，我们不要固定在一个个具体的"家"上，思考如何将学生思维发散，使他们的思路更开阔些。

教师提出的问题有针对性，是一个重要的开头，对整个学习过程、课堂效率影响至关重要。

2. 组织调控好三轮咖啡屋式探究

第一轮，先以小组为单位，讨论选材的范围，如何体现"新""开阔"的材料。并把讨论的结果用思维导图的形式写在大白纸上。

第二轮，再组组互动，把在本组内讨论的思想与其他组员分享。

第三轮，同学们回到本组把在其他组学到的内容和本组同学分享。完善大白纸上的思维导图，小组推荐组员发言。

3. 做好学法指导，及时点拨

收集学生的典型文章及发言重点，老师及时进行指导。如，小切入口，选取生活中的某个画面切入，切忌泛泛而谈；抓细节、深挖掘，要把目光深入到人物的内心世界，对文章内涵的认识要深刻。帮助学生在展示交流提高认识。

4. 总结反思

首先，激发了写作热情。新的授课形式让孩子们耳目一新，写作的热情重新被点燃，感悟到原来作文可以这样写。

其次，使学生对课堂任务理解更深刻，选材时眼界也更开阔。通过充分交流，拓宽视野，突破常规。

最后，发现问题。例如，在汇谈过程中发现有个别同学对新颖的写作形式虽然很感兴趣，但当需要自己发言、动笔的时候，却没有信心去表述。所以，在世界咖啡屋教学模式中如何调动所有学生的学习积极性，让他们参与其中、投入其中，真正掌握解决问题方法，这是需要细心考虑的问题。

（三）研究总结阶段

在丰富的课堂实践中，课题组成员收集了丰富多元的课堂成果，并形成论文和教学案例、课例等成果，推广应用。

第二章
世界咖啡屋与教学

第一节 世界咖啡屋及其特征

世界咖啡屋就是指围绕一个相关问题有意图地建造一个实时的会议，通过将大家的思维和智慧集中起来解决问题、发现思考的共性的过程。世界咖啡屋引导协作对话、分享知识并创造行动的可能性，是一种创造集体智慧的汇谈办法，它是一种集体研讨教学模式，是一种解决问题的有效方法。它通过让每个参与者对主题发表见解，碰撞激发创新点子，让参与者从原有学习方式和评判方式中解放出来。其优点在于强调通过集体汇谈，让参与者站在他人的角度思考问题，在寻找答案的过程中体现出对他人意见的尊重和珍惜，从而不断激发新的智慧，最终达成彼此共识。

世界咖啡屋的主要内容是"对话"，蕴含的主题精神是"跨界"。通过这种会议模式，把"不同部门、不同职务和专业背景"的人聚集在一起，并把若干个主题放在一起，让大家各抒己见，让诸多意见相互碰撞和融合，从而激发出意想不到的创新思想和解决问题的办法。它可以让参与者以个人风格、方式、学识和智慧发表见解，让人们从惯用方式、方法和处理问题的习惯中解放出来，用耳目一新的视角来观察、审视、分辨世界。通过他们深度的畅谈，产生更富于想象的、具有远见的洞察力和普通环境下根本无法得到的新模式。其特征主要有以下几个方面。

一、世界咖啡是情感融会贯通的理想空间

世界咖啡会议的特点就是在主持人的引导下，让参与者在轻松愉快的气氛中，逐渐放松自己的神经，放下习惯性的防卫心理，与同伴敞开心扉进行对话，在潜移默化的情感交流中阐述自己的观点，提升团队的向心力，并形成共识。

二、世界咖啡是共享学习的平台

世界咖啡倡导"人人是专家、大众教育大众"的理念。与会者在会议主持人的提示和引导下表达自己对问题的思考建议、聆听结合别人的想法和观点，从而融汇沉淀集体智慧。在世界咖啡模式下进行交流，可能是"高手林立"，这就产生了积极效应。每个人都会积极的学习，并与其他人分享，同时学习他人的经验，补充自己的不足，在共享学习的快乐中携手进步。

三、世界咖啡是凝结团队智慧的工具

通过主持人的引导，每位参与者解放思想、自由发表个人的想法和观点，并综合各种不同的见解，探寻共识。这个过程中，以团队目的和成果为依据，有效促进参与者存小异而求大同，最终达成团队的最大共识。

四、世界咖啡是解决问题的法宝

参与者的奇思妙想，甚至是胡思乱想，都是发掘想象力和创造力的法宝。起初，一个引起哄堂大笑的"胡作非为""想入非非"的观点，通过团队智慧的不

断"优化、完善和改进",也许最终就会成为具有创造性的,甚至是颠覆式的创新或创举。

第二节 世界咖啡屋与教学的结合

在我国的教育改革当中,有些教师把世界咖啡屋创新性地引入课堂教学当中,将严肃的课堂与轻松的咖啡屋联系在一起,让学生在教师的引导下轻松自如地进行学习活动。教师在遵循学生认知规律的基础上,尊重个体的"相异构想",在对话与合作中帮助学生自主学习,通过交流获取更加丰富的知识。我们把这称之为 世界咖啡屋式教学。

一、对世界咖啡屋教学的基本认识

对话是解决问题、实现共赢的有效方式。在全球一体化的今天,不同的文化和利益主体必须首先建立文明对话机制,在相互尊重、相互理解中寻求共识,在成就、发展彼此中拉近心灵的距离。世界咖啡屋这一学习型组织最重要的交流工具,正是实践这样一种有效的集体对话方式。其通过营造好友们聚在一起喝咖啡聊天的情境和氛围,让参与对话的每一位成员,都可以与其他人交流看法,然后将对话连结重组,再由与会者在各桌次间的位置移动,发挥彼此的影响力,展开真诚和有意义的对话,从而找到全新的观点或从来没有发现过的盲点,让深藏的思想碰撞出火花,形成集体的智慧。

因此,将世界咖啡屋引入课堂教学,将令课堂充满生机活力,学生在协作对话、分享知识中可以激荡出更多智慧,真正建设起学习型班级。

二、可操作性咖啡屋课堂教学模式

（一）创设教学情景

在课堂教学中，教师应当注重遵循"以生为本"的客观教学规律，允许学生自由发挥，积极高效参与。对于教学情景的创设则应当关注学生的主观意识以及认知思维，引领学生自主选取自己想要学习的内容，并完成相应学习任务。

利用咖啡屋教学模式提升课堂教学的层次感，要求教师对于学生的综合能力的培养要多进行干预，促使学生认识到自己的课堂主体地位。教师要善于结合教学内容，引领学生进行交流与表达，引领学生在发挥自我创造思维的过程中，逐步呈现教育教学的主旨，理清学习脉络。

（二）设计以问题为导向，组织学生进行思维碰撞

在咖啡屋教学模式中，教师应当注重合理性设计问题，引领学生积极思考，切实将咖啡屋教学模式的价值发挥到最大化，促使学生相互产生意见碰撞，激发出不同的创新想法，并在问题引导下逐步形成合作精神，推动教育教学始终朝着更深的方向发展。同时，在教师的引导下，学生也能够迅速调整自身的讨论方向和讨论内容，进而使自己始终保持对该内容的探索热情和兴趣，真正实现咖啡屋教学模式的价值。

（三）观点融合，智慧分享

每个学生都会因为家庭背景、个性发展以及成长需要等多种因素的不同产生明显的差异，这些差异对于学生的学习能力、表达能力以及写作能力等都会产生极大的影响。因此，在咖啡屋教学模式下，教师应充分尊重学生的个性特点，结合学生的实际情况展开有效评价，推动学生的全面发展，同时也要结合学生实际情况调整整体的教学方案。这样学生就能够切实与教师建立起情感沟通的桥梁，

能够在教师的帮助下迅速发现自身的不足,并在教师的辅助下调整自身的学习模式,取得良好的学习效果。

第三节 咖啡屋课堂是一种动态课堂

教育理念的不断更新使得越来越多的新颖的教学模式引起了广泛的注意,构建咖啡屋课堂的教学模式也是众多新颖教学模式中的一种。由于咖啡屋课堂能够打破语文课堂枯燥乏味的状态,突破过于简单的授课形式,让学生"动"起来,所以其实际上也是动态课堂的一种。

一、咖啡屋课堂重视思维的动态性

构建咖啡屋课堂要求教师鼓励学生自由地表达自己的观点、重视学生自身的思维变化、关注学生的跳跃性思维,而这些要求都具有非常明显的动态性。

(一)鼓励学生表达新观点

咖啡屋课堂提倡集思广益、积极对话,注重创新思维的开发,非常鼓励学生表达自己的观点。所以,在日常教学活动之中,哪怕学生"语不惊人死不休",教师也并不会指责他们,而是赞扬他们勇于表达自己的观点。

比如说,咖啡屋课堂要求教师在为学生讲解《鱼我所欲也》这篇课文的时候,给学生布置一些类似"你之前有没有碰到过必须要做选择的时候,两个选项你都非常喜欢,但是你却必须只能选择一个,而这个时候你的心理活动是怎样的?你会如何做出选择?"而教师在课堂教学的活动正式开展之前引导学生表达自己关于这一问题的理解时,就可能会得到一些比较出人意料的回答,有很喜欢画画的学生可能会说自己在选择画画还是写作业的时候,就可能会选择去画画,而搁置作业。而这个时候，按照咖啡屋课堂对教师的要求来讲，教师需要做的就是尊重学生的选择，而不是指责学生因为"喜欢玩"就把正事耽误了。教师需要在尊重学生自身的选择的基础上来指导学生进行较为合理的选择，而不是一味地指责学生。

（二）重视学生思维变化

咖啡屋课堂重视各种思想连接，让参与者从对个人风格、学习方式和情感智商所有这些我们惯用的评判人的方式的关注中解放出来，使学生能够用新的视角来看世界，让学生进行深度的汇谈，并产生更富于远见的洞察力。这样每个人就都可以从碰撞中对自己原来的想法和观念形成反思和收获，得到新的提升。因此，咖啡屋课堂要求教师尝试设计课堂教学活动的时候保证自己设置的活动是能够有效地激发学生的思维的，是能够让学生从不同的角度来看世界的。

比如说，咖啡屋课堂教学模式下的教师在开展教学活动的时候，就可以尝试着通过巧妙地设计问题来调动学生自身的思维，而在学生的思维得到调动之后，教师也就能够提出一些在与学生进行互动的基础上发现的一些新问题，进而促进学生思维的发展。以七年级下册第5课《秋天的怀念》这篇情感厚重、内涵深沉的文章的教学为例。在教学伊始，教师可以引导学生围绕着"本文唤起了你对母爱和生命的哪些感悟"这一问题展开讨论。教师可能会发现许多学生不太了解到底是生命的长度更重要，还是生命的广度更重要；不太了解是应该赚更多的钱来回报父母的爱，还是应该用陪伴父母回报父母的爱的时候。此时，教师就可以围绕着学生的这一思维变化来变换讨论的主题，让学生尝试着讨论自己有疑惑的地方。

（三）关注学生的跳跃性思维

咖啡屋课堂要求教师动用各种优秀的教育资源，与时代与生活进行有效结合，进而开发出极具个性化的教学活动。尝试构建咖啡屋课堂的教师必须要以开放动力，打破空间和教学用具的束缚。

首先，咖啡屋课堂注重打破教室的空间束缚。传统教学活动中，教师在开展教学活动的时候，往往只依托于教室这个空间，学生也只能坐在狭小的教室里来开展学习活动，而这也就会导致学生的活动空间受到了限制，学生的思维在无形中受到了制约。咖啡屋课堂与传统课堂不同，它在尝试着打破空间的束缚，鼓励学生积极地走出教室，走向生活。

比如说，在咖啡屋课堂背景下的教师为学生讲解《散步》的时候，就可以尝试着把此次教学活动开展的地点定为室外，尝试着让学生在自然环境之中，通过与学生交谈的方式来为学生讲解《散步》这篇课文。这样就能够使学生感受到这篇散文中那种生活化的气息，能够使学生更好地把握散文中对自然风景的描述是非常传神而又非常优美的。总之，让学生走出课室，走向生活，就能够让学生体会到更多在课堂学习中难以体会到的感受，并发现生活中的美。

其次，咖啡屋课堂教学模式注重把握对话的动态变化。现在的学生都非常有主见，他们在与教师进行沟通的时候却会毫不避讳地表达自己的想法。在传统教学活动之中，有的教师可能会直接否定学生的看法，但是在咖啡屋课堂上，教师则需要尝试着把握对话的动态变化，根据学生的语言来调整教学方式，进而更好地拉近自己与学生之间的距离，打破语言上的束缚，使得教学课堂变得更加开放。

比如说，在咖啡屋课堂背景下教师在引导学生学习《孔乙己》这篇课文的时候，就有学生脱口而出"孔乙己真是个窝囊的人！"而笔者在听到有学生这样说之后，就改变了自己原来用来形容孔乙己的"迂腐不堪、麻木不仁"等词语，而是用"窝囊"这个词来形容孔乙己，在唤起学生共鸣的同时也呼唤学生更深层次地了解孔乙己这个形象，使学生了解到孔乙己虽然看起来过得很窝囊，但实际上他也非常善良，他是一个悲剧性的人物。

二、注重活动的动态性

咖啡屋课堂还要求教师重视活动的动态性。在咖啡屋课堂的教学模式下，教师需要重视课堂教学活动的设计方案，尝试通过从创设教学情境、营造学习环境以及注重探究活动的开展等角度来实现活动安排的动态性。

（一）注重创设教学情境

在传统教学活动的开展过程当中，部分教师可能会认为组织学生开展学习活动是非常浪费时间的一件事情，因此他们在开展教学活动的时候，就会选择通过自己单方面的叙述的方式来开展教学活动。这种教学方法和备课观念显然非常不利于激发学生的学习热情。而在咖啡屋课堂上，教师就必须要积极地为学生设计一些生动的教学情境，使得学生能够在特定的教学情境中开展学习活动，更加积极地参与到学习活动当中来，有效提升学生自身的学习成效。

比如，给学生设计一些戏剧表演活动、角色扮演活动、知识竞赛活动等，通过开展这类活动来创设教学情境，使学生能够进入到一定的教学情境之中。而要求教师创设教学情境的教学模式实际上也与动态教学中引导学生参与到各种活动之中的观点有着相似之处，它们都关注调动学生的学习积极性，鼓励教师带领着学生进入到一个特定的教学情境之中去，使教学的成效能够大幅度提升。

（二）重视营造学习环境

咖啡屋课堂要求教师在开展教学活动的时候营造适合学生开展学习活动的学习环境。教师需要尝试着分析如何设置教学的环境，如何才能够吸引学生的注意力，需要尝试着分析桌椅如何进行摆放才能够方便学生开展学习活动，小组内部的成员如何进行分配才能够使得教学活动得到落实，学习成效得到有效提升。总之，咖啡屋教学模式要求教师营造一个适合学生学习的学习环境，进行严密的设计，使自己的教学活动更加具体而科学。

比如说，咖啡屋课堂强调教师需要将环境布置得非常温馨，以适应学生进行深入的讨论，使得学生能够在相对放松的环境下来开展讨论活动，提升咖啡屋课堂教学的成效。再比如说，咖啡屋课堂要求"咖啡屋桌长"能够有效地组织讨论活动的开展，能够方便学生进行交流，使得每一位学生的观点都能够被其他学生所接收到。

（三）注重探究活动的开展

咖啡屋课堂要求教师积极地开展探究活动。围绕着一个特定主题的教学活动，能有效提升教学活动的针对性，提升学生的探究能力，进而培养学生发现问题、解决问题及总结学习成果。

比如说，在咖啡屋背景下的教师在为学生讲解《生于忧患，死于安乐》这篇课文的时候，就可以设置了解本文中所使用典故的来源的探究活动，让学生分析"舜发于畎亩之中，傅说举于版筑之间，胶鬲举于鱼盐之中，管夷吾举于士，孙叔敖举于海，百里奚举于市"这一段话中所提到的人物都是何人，都做了何事。通过开展这一探究活动，不仅可以使学生的文学素养得到提升，而且他们的视野也就会得到有效开拓。与此同时，还可以帮助他们掌握如何入手去找到某一个人的资料和信息，如何开展学习活动。

三、重视评价的动态性

咖啡屋课堂致力于研究评价和激励机制。制定咖啡屋课堂教学模式的评价标准，并提出要注重评价中鼓励的科学性、时效性、特色性，评价的目的也是让学生养成踏实、务实、创新的精神。

首先，咖啡屋的教学模式鼓励学生进行自我评价，认为评价自我是提高自身水平的一种有效途径。教师需要对自身的专业水平不断进行评价，从而寻求提升自身能力的有效方法。另外，与传统的教学课堂仅仅要求教师对自己进行阶段性的、整体性的评价不同，咖啡屋课堂提倡教师从课堂教学的每一环节、每一部分分析自己教学的优势和不足，而在此基础上，教师需要有针对性地改正自己的不足，进而努力达到课堂教学的评价标准，使得教学实现最优化。也就是说，教师对自己的评价永远是伴随着自己的教学活动的展开而变化的，具有明显的动态变化特点。

其次，咖啡屋课堂教学模式也非常重视对学生的自我评价能力的培养，要求学生能够及时地评估和反馈自己的学习进度、学习状态等，并在此基础上有目的地调节自己的学习目标。所以，咖啡屋课堂教学模式中对学生自身的评价也是动态的。

综上所述，咖啡屋课堂是一种动态课堂，它能够有效地激发学生的学习兴趣，使得学生积极参与到学习活动当中来，为学生营造更安全放松的学习氛围，提升学生的幸福感与成就感。

第三章

咖啡屋教学的原则

第一节 探索真正重要的问题

有人请教诺贝尔奖获得者——物理学家班佳斯，靠什么成功？班佳斯回答说："因为我找到一个切中要害的重要问题。"

真正重要的问题是那些还没有答案的问题，是对创新的开放性邀请，引发出从未出现的想法与见解，每一步跨进未来的脚印，都是因为有某个人或某个群体想要知道，如果改变或改善了现状，可能发生什么。他们希望能反问自己："如果我们从不同的角度来思考，会发生什么？哪些问题我们还没想到？如果想到了，也许就能让我们的现状更好。"

真正重要的问题都有种隐藏的力量。它可以加剧冲突，也可以加深共同理解。那么，作为汇谈的主持人，又该如何做，才能更具技巧去设定真正重要的问题呢？

我们可以尝试慢慢增加问题的力度，看看它如何影响你主持的汇谈。举例来说，在重要汇谈开始之前，提前和参与者交流，花一点时间共同写出与主题相关的问题，按问题的力度进行排序，看看哪些问题相较更有吸引力。试着审视那些嵌入问题的假设，检查它是否会帮助或阻碍你的探索。

在世界咖啡屋汇谈中，真正重要的问题有助于凝聚集体的注意力，连接不同的想法，创造前进的动力。

第二节 鼓励每个人参与贡献

世界咖啡屋汇谈的目的是贡献。美国著名哲学家约翰·杜威说："虽然每个人的天生智慧高低有别，但在充分民主的信仰下，每个个体都有重要的贡献，某个价值必须在汇集进入群体智慧时才能得到评价，这个具有决定性的群体智慧汇集了所有人的贡献。"

这正是世界咖啡屋汇谈提倡的理念。课堂上学生在四人"小咖啡"桌上，在轻松的氛围中，可以畅所欲谈和贡献自己的想法。在世界咖啡屋的汇谈中，每位学生都带来自己的贡献，来参与这场汇聚各种想法与观念的"满汉全席"，使群体的智慧更丰富了。

正如汉斯·凯恩迪所说："世界咖啡屋鼓励大家用各种方法贡献己见的原则，将许多不同的学习风格带到了咖啡桌边。当人们可以在一个友好互助的环境下，针对自己关心的问题，各自发挥所长，能够付诸行动的知识就自然浮现出来。"

除了可以促进知识的交流，强调贡献也可以激发学生对小组的归属感。当学生开始共同贡献、共同创造、共同学习时，一种连接那个小我的个体和大我的整体的感觉也就自然形成了。

第三节 交流并连接不同观点

世界咖啡屋的学习过程，不仅仅是四人小组进行讨论，也是参与者和他们的想法在世界咖啡屋的汇谈里移动、流转，并迸发出新的连接和关系的过程。

学生在小组里进行了第一轮交流讨论后，可以在提前准备的白纸上，用彩色马克笔用思维导图的形式画出本小组讨论结果，然后小组成员开始流动。

在这个过程中，小组组长待在本桌，欢迎其他桌的伙伴来参与讨论，并向他们大概讲述这一桌在上一轮对话的要点。该桌的其他小组成员分散在不同的小组中，了解其他小组的讨论情况，参与其他小组的讨论，分享并收集大家的观点。几分钟以后，流动的学生各自回到自己小组，再次分享他们的观点，继续更进一步的讨论交流，最终得出本小组的讨论结果。在这一过程中参与者在各桌之间移动座位，带着思想的种子从一张桌子换到另一张桌子，他们起到了连接彼此的思想、观点和问题的重要作用。

世界咖啡屋参与者将这种经历描述为"思想的共鸣""系统之火的点燃"或"观点的加速演化发展"。

第四节　收获并分享集体智慧

世界咖啡屋汇谈的目的，是为了培养集体见解、分享见解和发现。最后一轮汇谈是全体的汇谈，是收获并分享集体见解的关键时刻。每个小组用思维导图的形式整合世界咖啡屋中的心得发现和见解，小组派代表向全班展示思维导图，汇报他们的讨论结果，把他们的集体智慧呈现出来。其他小组成员认真聆听，思考是否有相同的观点和独特的见解，可以质疑和评价。有不同观点的小组可以补充，也可以修正别人的观点。最后各个小组再进行整理把世界咖啡屋的汇谈心得粘贴在教室的墙上。

世界咖啡屋这一学习型组织最重要的交流工具，正是这样一种有效的集体对话方式，让学生围坐在一起，进行轻松交流和畅谈。通过交谈解读文本，解决问题，相互理解中寻求共识；通过走动交流发表各自的见解，产生互相意见碰撞，激发出意想不到的创新点子，让深藏的思想碰撞出火花，形成集体的智慧。

在这个过程中，教师准确地判断，及时地捕捉时机，推动教学向着更深层次的多向互动发展，培养学生合作的技巧，使学生主体能力得到发展。

第四章
咖啡屋教学设计

第一节　咖啡屋教学环境布置要求

在世界咖啡教学中，教师要尽可能把教学场所布置得亲切宜人。具体有以下建议：可以播放一些舒缓的轻音乐，让学生一进入教学场所，便能听到优美的音乐；可以搬些绿色的植物进来，好让教学场所看起来充满生机；在墙上可以张贴一些图画和海报，能够立刻让沉闷的教学场所变为热忱欢迎的空间；还可以在教学场所随时供应点心和饮料。

当然，教师不能局限于以上建议，而是应该利用自己的想象力和创造力，去营造一个轻松宜人的环境空间。

咖啡屋教学环境布置

教学场所的布置	一间采光良好，并能看到外面绿植的教学场所。如果没有这种场地，在教学场所四周摆放一些鲜花和植物，给教学场所带来大自然的感觉。
	可供4~5人就座的方桌，方桌比较有咖啡氛围。如果少于4人，观点和视角可能不够多元化，但如果超过5人，又会限制他们的互动。
	一间足够大的教学场所，以便学生可以在桌子间随意移动，主持人也在不干扰已入座参与者的情况下融入进来。

| 深度汇谈　智慧分享——世界咖啡屋教学实践指导 |

(续表)

教学场所的布置	桌子的排列方式不必太整齐，稍微混乱些，营造一种自由轻松的氛围。
	格子桌布或一般的彩色桌布。如果找不到，白色桌布也可以。即使从画架上或者活动挂图上取下的白纸，也可以用。
	准备一张桌子，摆放参与者要喝的咖啡、茶和小点心。
用品的准备	每桌放两张活动挂图上用的白纸（就像人们可以在咖啡馆的桌布上涂鸦一样）。如果需要拿走并张贴这些纸，就多放几张。因为大家直接在桌布上记录观点，每一桌单独的活动挂图就不需要了。
	大张壁报纸或活动挂图纸，用来收集和张贴集体见解。
	准备平整的墙壁用来张贴巨幅壁报纸，还有两个大型移动白板。墙面空间也可以用来张贴从各桌收集来的纸张。
	每一张桌子放一个插满各种颜色马克笔的马克杯或玻璃杯，建议用深色马克笔，如红色、绿色、蓝色、黑色和紫色。
	每桌摆放一个插满鲜花的小花瓶。花要小，以免挡住视线。如果场地允许，可以再加一支小蜡烛。
	准备一张桌子放在教学场所前面，供主持人和演讲者放置资料。
	为所有参与者和演讲者准备座椅。
备选设备	投影仪、幕布、放投影仪的桌子以及数码相机。
	能播放 CD 光盘的带扬声器的音响设备。
	主持人使用的麦克风。
	2～4个带有空白白纸的活动挂图。
	2个以上的移动白板或黑板。
备选设备	一个装有基本用品的箱子：订书机、纸夹、橡皮筋、签字笔、图钉、铅笔和带黏性的便签纸。
	数量足够多的彩色卡片纸，以便每位参与者能拿来记笔记，或用来在各桌之间交换见解。

第二节 咖啡屋教学小组的构建

一、咖啡屋教学小组建构方式

咖啡屋教学小组的组建可以参考两种方式：一种是依据学习者的兴趣爱好，根据学习者自愿的方式组建，目的是充分调动学习者的积极性，但缺点是不能异质分组。另一种是依据学习者的学习特征来进行组建，如依据学习风格和认知水平等。这种分组方式又可以分为异质分组和同质分组两种。所谓异质分组主要是把学习风格和认知水平相近或相当的学习者分为一组；而同质分组则相反。很多教师都采用了异质分组的方式，其好处是不同能力水平的学习者都能得到充分的发挥。

根据以上的分析，在咖啡屋教学小组的组建之前，为全面了解学生小组合作学习的情况，要设计调查问卷。通过问卷的分析和学生访谈，明确咖啡屋深度汇谈的小组的建构方式。根据学生的学习基础、学习能力、性格特征，性别差异等组合，遵循"同组异质""异组同质"的原则，让不同特质、不同层次的学生优化组合，使每个小组都有高、中、低三个层次的学生，有内向型和外向型的组合。

二、咖啡屋教学小组规模

小组的规模主要是指小组成员的多少。小组内成员的多少直接关系到小组成员的参与度。一个小组内如果成员过多，就会不利于学习者合作交流，还会为部分学生提供"搭便车"的机会；相反，如果小组内成员过少，每个成员的任务量就会相对变大，经常会出现一个人解决问题的局面，没有合作交流的氛围。那么一个咖啡屋合作小组内理想的成员人数应该是多少呢？大量的文献研究表明，合作小组的人数以 3—6 人最为理想。在实际的分组过程中，应该考虑完成任务的难易程度，以及学习者的合作学习的能力等。咖啡屋教学小组的规模确定标准，就是让小组内的所有成员都能积极参与到合作学习活动中，完成自己的任务。以一个班 50 人左右的学生为例，以分为 11—12 个小组，每个小组人数 4—5 人为最佳。

三、咖啡屋教学小组成员的角色分配

明确任务分工是合作学习顺利进行的保证。在咖啡屋教学小组中每个成员都扮演着一定的角色，承担着一定的职责。在角色分配的过程中，小组长（主持人或者桌长）作用很关键，在咖啡屋的学习活动中扮演着重要的角色。组长（主持人或桌长）由小组成员讨论协商后推选出来。明确组长（主持人或桌长）和组成员的职责，对组长（主持人或桌长）进行培训，提高主持人的管理和组织能力。在具体实施时，要先对环境进行布置，再安排分组，并明确小组成员角色，如主持人、记录，深度汇谈等。各个成员按职责完成任务，能依托咖啡屋型课堂教学实施设计的原则，展示出集体智慧。

第三节　咖啡屋的教学流程

咖啡屋课堂教学是先确定好议题，组织小组成员布置好自己的咖啡桌，大家选举主持人，之后主持人组织小组成员围绕议题共同讨论。每个人都可以发表自己的言论，将自己贡献的观点利用马克笔写在大白纸上，同时提出具体性的问题，也写在大白纸上。一轮讨论结束后进入第二轮讨论，主持人留下，小组成员记住自己本组成员的观点，然后分散到各个咖啡桌上。主持人首先介绍自己本组的观点，"来宾"介绍自己咖啡桌讨论结果，并对于新的咖啡桌的观点发表自己的见解，主持人并记录下来。主持人再次留下，进入第三轮讨论，其他成员再次分散到不同的咖啡桌上，最后各个成员回到自己的咖啡桌上，整理与完善本小组的观点，主持人带领小组成员制作思维导图，呈现给每一位学生，其他的小组成员进行点评与补充。具体实施如下：

首先，按照最规范的形式进行分组。根据教师对学生的了解，以异质分组为原则，将学生分成3—6人一组，目的是使小组成员根据不同的学习基础、学习能力、性别、性格差异进行意见交换，以使小组中的成员都能通过学习和讨论获得收获和成长。

其次，小组成员分工。小组成员要协调职责分配，通过讨论主持人、讨论示范、讨论记录、讨论监督、讨论评价、讨论反馈等职责的分配，使每个成员各司其职，在讨论计划的辅助下在规定时间内完成讨论。承担监督职责的成员要对小组讨论进行监督，避免讨论跑题。在小组讨论过程中，主持人可记录、主持多轮的汇谈，组织组员发表自己的建议，并完成各自的任务，学生倾听和接纳不同的看法。

再次，咖啡屋讨论实施。在主持人的组织下，小组成员依托咖啡屋模式进行学习内容的讨论。完成第一轮汇谈后，主持人还留在咖啡屋小组，其他成员迅速换到其他咖啡屋小组进行二次讨论，目的是对不同小组的讨论精华进行分享，以实现咖啡屋深度汇谈。如此，经过2轮或3轮的汇谈后，主持人将本组的讨论结果进行整理、汇总，并形成问题。小组根据自己的讨论进行图片或思维导图的展示，其他小组和教师一起对小组的展示进行评价，并依托《学生思维导图的评价标准》《小组成果展示汇报的评价标准》《咖啡屋课堂教学学生评价表》《咖啡屋课堂教学教师评价表》进行综合评价，以实现问题的深入研究，使大部分学生都能从多个角度进行问题的研究，进而实现对文本的拓展，达到丰富、广泛性理解，最终揭示文本内涵。

从大的要点上，咖啡屋的教学流程则如下图所示：

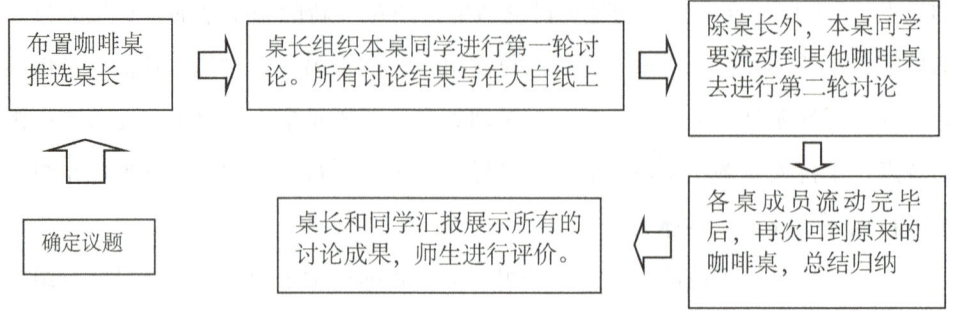

总之，依托咖啡屋开展的课堂讨论活动，与传统的课堂讨论有一定区别。咖啡屋课堂讨论以3次左右的讨论次数为依托，在小组成员明确分工的基础上，可以相互补充观点，并依托思维导图等记录方式进行讨论的记录。在二轮讨论后，成员需要将讨论成果带回本组，目的是实现多人知识的共享，进而使多数学生能加深对知识的印象，高效完成学习任务。

第四节　咖啡屋教学中教师的主持艺术

世界咖啡屋教学法对"大组织者"教师与"小组织者"桌长的要求较高，他们是教学活动能顺利、有效开展的关键。

教师是咖啡屋教学模式中的主持人和导演。因此，教师应当了解学生的思想状态，预知可能出现的问题，适时地对学生进行引导、指导。在情境中不断地调动学生的积极性，利用学生的学习兴趣，实现课堂教学目标。

教师在组织咖啡屋教学活动前的重点是准确的分析教情、学情，提出的问题能激发学生探讨的兴趣，让学生有话可说，突破教学重点与难点。这需要教师要具备深厚的教学功底与洞察力。另外，在咖啡屋课堂里，学生是流动的，小组也是动态的，所以需要教师具备较强的课堂驾驭能力。

教师在教学过程中要密切关注那些学习劲头和热情不高的学生，在激发他们学习兴趣的同时，还要预防他们讨论与课程无关的内容，并及时制止。中小学生心智尚不成熟，需要老师有针对性地去把握。课堂上老师如不及时纠正个别学生的嬉闹，小组讨论就会变成闹剧，进而使讨论失去意义。另外，教师在教学过程中要重点关注那些沉默寡言的"学困生"，给予他们鼓励和关爱，为他们创造更多的表现机会，提高他们的自信心，捕捉、放大他们学习中的闪光点，唤醒他们的学习意识，让其积极参与到小组讨论中，让小组学习为那些学困生打开一扇门。

　　在咖啡屋课堂上，桌长即是主持人，需要有较强的组织协调能力，引导小组成员进行有序的思考、合作、分享、聆听，并最终解决问题形成新智慧。在研究中，我们发现个别桌长的组织能力不够，导致小组交流的过程探讨不深入。因此，老师刚开始要精选学习能力强的学生作为培训对象，对他们的组织能力、演讲水平、绘图书写功底进行充分培训，使桌长成为有效推进教学环节的小组织者。随着咖啡屋教学模式的深入推广，每一个学生都有机会成为桌长，而且绝大部分学生的表达、交流、组织能力都能在课堂上得到提升，这也是世界咖啡屋学习法教学模式的重要价值之一。

| 第五章 |
咖啡屋教学实践

第一节　咖啡屋在语文教学中的实践

我国新课程改革本着自主、合作、探究的原则，以每个学生的发展为核心理念。这就意味着关注学生的本质是尊重、关心和牵挂。教师要关注学生的情绪生活和情感体验，精心设计教学内容，使教学过程成为学生一段愉悦的情绪和积极的情感体验，帮助学生树立学习的自信心，建立爱心、同情心、责任感、合作精神等。

在新课改形势下，学生主体地位得到重视，传统单纯的口耳相传式语文教学完全不能满足学生的学习要求，如何让学生在轻松愉悦的氛围与环境下学习，成为语文教师关注的重点。而世界咖啡屋以汇谈为核心流程，包括设定情境、营造宜人好客的环境空间、鼓励每个人参与汇谈、探索真正重要的问题、交流合作并连接不同的观点、共同聆听和探讨更深层的问题、收获分享集体的智慧等七个原则。

在咖啡屋教学模式下，学生成为主体，他们与伙伴合作，与老师互动，乐于学习，不仅收获了知识，还提升了自己的人际交往能力。咖啡屋汇谈的目的就是为了合作贡献，而新课标的理念原则也是要求合作探究，两者内涵一致。

所以说，咖啡课堂是完全可以在语文课堂教学中展现出来的。

我们以《行路难》为例，探讨咖啡屋式语文教学的案例设计：

一、设计目标

运用世界咖啡屋教学模式,让学生在轻松平等的氛围中,学会聆听,表达别人和自己的思想,尊重和鼓励每个学习者参与到课堂学习中来,并能通过学生的走动交流,对原来的想法和思想进行改进和提升。在创造集体的智慧过程中,既培养学生的创新思维精神和能力,使教学向着更深层次的多向互动发展,又能锻炼学生合作的能力,促进学生在终生学习、团队合作、创新进取等方面能力的发展。

二、设计流程

(一)设计本课任务

有人说这首诗歌具有强烈的抒情色彩,情感起伏变化,可谓一波三折,荡气回肠。请概括作者情感变化的词,并探究作者用了什么手法表达这种情感变化的。

(二)《行路难》咖啡屋式教学课堂设计

《行路难》咖啡屋式教学课堂设计表

	流程	开展原则	任务	课堂实效	教师点拨
课前准备	1.课前发出邀请	明确交流任务。	研究《行路难》中诗人情感变化及运用的手法问题。先回顾一首学过的诗歌的情感和手法。[1]	开始上课后,学生比较快速理清思路。学生明确一篇诗歌可以从抓意象,扣关键词,常见的写作手法来分析。	学生讲解,老师点拨关键:有些诗歌并不是只有一种情感,它会几种交织在一起,能否找到发生变化的关键词句?

| 深度汇谈　智慧分享——世界咖啡屋教学实践指导 |

(续表)

流程		开展原则	任务	课堂实效	教师点拨
课前准备	2. 环境布置	创造宜人环境。	咖啡屋教学是以4人为一小组，桌子上有漂亮桌布，花瓶。白纸和涂写的彩色马克笔，竹制书签[2]，轻松的音乐。	学生进到课室后，感觉比较轻松舒适，对桌布、彩笔和教室的布置都比较好奇，很期待参与其中。	学生进到课室后，教师介绍桌布彩笔和竹制书签如何使用，激发学生的参与热情。
3. 启动讨论		明确世界咖啡屋的流程和礼仪。	讲明咖啡屋的流程和礼仪。	学生感觉到与以往的课堂不同，参与的热情比较高。	鼓励学生贡献自己的想法，说明第二轮交流要带着第一轮的集体智慧去其他组贡献。
4. 探索重要问题（第一轮探究）		鼓励贡献，交流并连接不同观点，共同聆听其中的模式、见解及更深层的问题，收获和分享集体智慧。	第一轮探究，在第一轮的指定座位，四人一桌讨论问题，手握竹制的漂亮书签[2]轮流发言并在规定时间里结束，最后把每个人的见解结果写在桌布上。	有3个重要的集体发现[3]。能抓住"不能食、心茫然、黄河、太行、多歧路，会有时、济沧海"关键词来分析猜诗人的情感。	从一些手法的运用上去分析情感。
5. 探索重要问题（第二轮探究）		同上一轮，带着集体发现到别的组去贡献和深入探索。	第二轮探究，在别的组讨论中找灵感，产生集体智慧。	学生在别的组中发现了自己小组没有探讨出来的情感，有些确实是没有想到的或是忘记这种手法的运用了，但却在其他小组受到了启发。讨论激烈。	提醒学生一些在诗歌中常用的手法，如用典、联想和想象、象征和比喻等手法。换组取经，获得灵感。

(续表)

流程	开展原则	任务	课堂实效	教师点拨
6. 探索重要问题（第三轮探究）	同上一轮，带着集体发现回到最初的组去贡献和整理桌布，准备展示。	第三轮探究，整理思路阶段，丰富完善桌布的内容，讨论更加激烈。	参与度非常高，学生很自主贡献自己的想法。思维的火花迸发，集体智慧形成。投入专注。	桌布上出现多种成果，准备展示。
7. 集体交流展示	收获和分享集体智慧。	展示示意图，用不同的笔体现集体的智慧。小组小结方法。[4]	小组一起上台，人人参与。学生完全可以通过三轮讨论，整合集体的智慧，完成老师布置的任务，而学生的积极表现让老师也很感动。	上台展示可以结合语文听说读写的特点来展示。能总结出这种题目的解题思路并谈谈这种三轮讨论带来的优势。与前面组相同的就略讲。
8. 教师总结	肯定学生的参与贡献。	总结本课的过程及收获。引导学生体会研究的过程，集体是如何经历深层思考获得集体智慧的。	学生的成就感较高。与同伴交流和谐舒适，期待下一次的世界咖啡课堂。	引导学生感受咖啡课堂带来的身心愉悦，平等互助地参与到课堂学习中来，并感受到强大的集体智慧，所有人的共同创作，合作贡献的精神力量。

《行路难》咖啡屋教学课堂设计中的补充说明：

【1】《钱塘湖春行》

孤山寺北贾亭西，水面初平云脚低。几处早莺争暖树，谁家新燕啄春泥。

乱花渐欲迷人眼，浅草才能没马蹄。最爱湖东行不足，绿杨阴里白沙堤。

【2】竹制书签的使用：谁需要发言就手握它再发言，发言完毕放下或者传给下一个谈话者。好处是手握竹制书签的人，可以从容把问题阐述完整，而且没有竹制书签的人必须仔细聆听，尊重别人的观点，可以保持好的谈话秩序。

【3】开篇两句用了以乐写哀的手法；"黄河、太行"是想象之景；题目"行路难"与诗人的经历有关。

【4】积累诗词中诗人的生平经历和时代背景；扣住诗中的常见意象和关键词来理解诗人的情感；积累诗中常用的写景和抒情手法。

三、咖啡屋语文教学的对策和建议

咖啡屋教学的优势明显，学生的参与度、主动性大大提高。学生最原始内心的需求被唤醒了，由被动地听转为主动地说，化无声为有声。学生的思维被打开，学会往纵深方向看问题。只有我们拥有多方不同的观察视角，听取了不同声音，才会有更多的智慧产生，人的思维才会很好地打开。学生在两至三轮的讨论中分享，了解别桌的交流精华和见解，从而连接共同的观点和引入多元化视角。这些对于学生的深入思考、终身学习将大有益处。

第二节　在语文古诗词教学中的运用分析

古诗词作为中华民族的瑰宝源远流长，如何让学生更真切地感受到古诗词的魅力，更有兴趣地学习古诗词是每个语文教师都应该注重的问题。在古诗词教学中，学生是学习的主体，既参与学习，也参与交流。

一、当前古诗词课堂中存在的问题

(一) 教师多注意对诗词的字面理解，没有触及诗词的灵魂

很多时候，在古诗词的教学过程中，教师都是对诗词的字面意思进行讲解，很少对诗词作者的内心进行剖析。例如，杜甫的《绝句》。这首诗的节奏和意境是相对轻松愉悦的，可是作者杜甫一生屡经战乱且仕途坎坷，他的诗句很多都是语境沉郁，为什么只有这首诗的意境不同呢？结合作者创作的背景可以发现，这首《绝句》的创作时间是在安史之乱平定之后，杜甫回到成都心情愉悦，面对生机勃勃的春景，提笔一挥而就。他不仅是写景，也写出了对国家未来的希望和憧憬。如果教师在讲授的过程中，只是片面地坚守诗词的意思，而不联系作者的创作背景，就没有办法触及作者的内心世界，这首诗的教学也会显得苍白干涩，不利于学生对诗词真意的体会和理解。

(二) 古诗词教学多是传统的教授教学模式，学生缺乏参与感

当前很多语文教师，对古诗词的教学还只停留在讲解和背诵阶段，不注重学生的情感体验。学生缺乏参与感，对教师所传授的内容只是被动接受，不能深入理解和欣赏古诗词的意境和魅力。新课标中明确提出，对于语文教学，要更多地体现学生的教学主体地位，这就要求教师需要利用新的教学方法和教学模式，更好地将古诗词教学融入这些新的教学方法和教学模式中去，从而让学生对古诗词的学习更感兴趣，提高学生的学习积极性。

二、世界咖啡屋学习模式在古诗词教学中的独特优势

（一）模式创新

古诗词教学是语文教学的一项重要内容。我国古代大教育家孔子曾经说过："不学诗，无以言。"古诗词的学习，对于学生陶冶情操，培养审美能力，丰富语言积累、提高文化素养，发展想象力和创造力、提高语文成绩，大有裨益。

咖啡屋教学模式是一种新式、有效的教学手段，关键的步骤在于多次讨论共享。将咖啡屋教学模式运用在语文古诗词课堂上，可以让古诗词的古老韵味，散发出现代咖啡屋的独特味道。

（二）喜闻乐见

古典的诗词，用现代咖啡屋的形式来演绎，一开始就能激发起学生极大的兴趣。传统课堂，大都是端端正正坐好上课的，小组讨论也是固定的，极少可以自由组合。而学生在咖啡屋里的讨论，可以自由选择，而且是一轮接着一轮，符合学生好动新奇的心理特点。最后，吟诵诗词，让学生在读、写、画的基础上，把诗词吟诵出来、演唱出来，通过配乐、伴舞，将诗词的意境演绎出来，更是学生喜闻乐见的形式。

（三）课堂高效

首先是教师要有全局意识、问题意识和学生视角，激发学生兴趣，选择共性的问题，来揭示课堂的主题；其次是桌长的培养，要由素质比较全面的学生来担任，组织起两三轮的讨论；最后是全体学生的积极主动，能够积极查找资料，讨论分享和共享成果。只要三方联动，就能够形成高效课堂。

三、世界咖啡屋学习模式在古诗词教学中的具体运用

世界咖啡屋教学模式首先要确定好需要讨论的问题，然后教师可以将学生分成几个讨论小组，分组后由每个组的组长主持讨论，并将讨论的过程和结果进行记录，每次讨论时间保持在10—15分钟，然后各组的组长不动，其他组员随机互换到其他小组继续讨论，反复几次进行自由轮换，做到全员都经历不同小组讨论并且阐述了自己的观点和看法。

我们以小学六年级下册的诗词《寒食》为例，"春城无处不飞花，寒食东风御柳斜。日暮汉宫传蜡烛，轻烟散入五侯家"。该诗句的字面意思并不难理解，是说暮春时候的长安城每一处都飞舞着杨花，寒食节的时候东风吹拂下皇城内的柳树都微微倾斜，黄昏以后皇宫中开始赏赐蜡烛，淡淡的烟雾飘散在王侯大臣们的家中。教师可以在领读后就诗句的总体内容和意思向学生进行讲解，让学生充分理解诗句的字面意思，诗句中的文字经典是首句中的"无处不飞花"，运用了双重否定加强了肯定的语气，一个"飞"字烘托出了诗句的强烈动态感觉，措辞及其精确。

而诗句的点睛和难点，则是最后两句，同时也是作者内心世界的真实展现。作者选用了典型的寒食节题材，借汉喻唐，委婉讽刺了当朝外戚得宠的现象。风俗中寒食节三天是禁止烟火的，理应第四天才可以使用火，可是在皇宫中，第三天的黄昏就已经将蜡烛赏赐给了贵戚宠臣。

教师可以将后两句诗句中作者借诗句抒发个人情感的表达方式设置为讨论内容。作者诗句全文都是在写景写事，没有一字斥责，但却可以不着痕迹地对现实中朝廷外戚专权的现象进行讽刺，写法含蓄，寓意深远，需要学生仔细品读方知其味。因此教师设计了这样一个问题让学生讨论：请想象诗中描绘的画面，体会诗人要表达什么样的情感？让学生根据问题进行世界咖啡屋模式讨论，并用思维导图的形式把讨论结果记录下来。学生进行了热烈讨论。最后大家将《寒食》这首

诗理解清楚了，老师在学生运用世界咖啡屋模式讨论中有效地达成了教学目标。

四、世界咖啡屋学习模式应用于古诗词教学中的收获

（一）改变了学生对古诗词的观念

以往的语文古诗词课程在学生的观念中是乏味和枯燥的，学生对于教师所讲授的内容缺乏兴趣，甚至很多学生对于古诗词的学习有一定的抵触情绪。而将世界咖啡屋教学模式运用到古诗词教学中，因为学生有了足够的参与度和交流机会，学生对于古诗词的观念就会得到极大的改变，会自然而然地就对古诗词的课堂教学内容产生兴趣。这对古诗词课堂教育效率的提升意义重大。

（二）提升了学生学习古诗词的主动性和积极性

在古诗词教学中，教师要将自己定位为课堂教学中学生的引导者，将古诗词的课堂主体让位于学生，变教师与学生之间的单向关系为学生之间的"交流合作"关系。这样就能够使学生在学习古诗词的含义、背景、作者思想等各个方面各抒己见，做到人人参与、集思广益，从而在很大程度地提升学生对古诗词学习的主动性，让学生真正成为课堂教学的主体，成为学习的主人。

第三节 在语文小组合作学习中的运用分析

对于我国中小学教学来讲，班级的学生大多在 40~50 人，人数较多。因此科学构建学习小组，让教学成效得到显著提高就成为中小学语文教学的重要任务。应利用科学的方法让学生的个性得以彰显，让学生在小组学习中共同参与，

充分享受学习的快乐，让学习过程更具有实效性和趣味性，有效调动学生学习积极性和学习兴趣。这些，就成了语文课堂教学成败的重要环节。美国著名教育学家扬·阿姆斯·夸美纽斯曾经说过："一切知识都是从感官开始的。"这就是说"直观、具体、生动"的事物和知识更容易植入大脑，并产生感性的认知。利用这种方法可以让学生产生身在其中的感觉。而咖啡屋教学模式就是发挥学生主体作用、引导学生主动学习的一种有效方法。

一、布置温馨的学习环境，渲染和谐的学习氛围

首先从学习环境方面，教师可以将教室布置得相对温馨一些，准备一些茶水、咖啡或者水果，让学生从心态上放松下来。其次，还要根据本次教学的主题内容，进行合理地备课和分组。具体如下：

第一，教师应进行恰当的选题和分组。过于简单或深奥的题目，都会让学生失去讨论的积极性。因此，根据学生个人特点恰当地分配学习小组，激发学生主动思考并组织语言进行讨论就显得尤其重要。老师要在选题和分组前做好调研，做好充分的分组准备工作。

第二，咖啡屋讨论模式过程中，教师要积极参与其中。通过参与的过程了解他们的想法，并积极为他们营造融洽、和谐、有趣且自由欢快的气氛，助推学生们畅所欲言、各抒己见。在此过程中，教师主导着咖啡屋讨论模式，能让讨论收到更好的效果。

第三，各小组讨论完成进行小组汇报时，老师应当对学生的汇报文字和重点信息内容提出具体要求，并进行展现。在汇报过程中，老师需边听边筛选重要内容和信息，及时做出正确指导和热情洋溢的点评。

二、发挥学生的主体作用，培养学生的阅读写作能力

在语文授课过程中，课文阅读和作文写作是学生面临的主要难题。咖啡屋的

教学模式为学生提供了阅读和讨论的平台，能够提高学生语文阅读的积极性和写作兴趣，是解决学生面对这一困扰的好办法、好手段。例如，在学习人教版七年级下册课文《爸爸的花儿落了》时，经过预习梳理，课堂伊始就提出本课研究的主问题：这篇文章以"爸爸的花儿落了"为题，一方面指爸爸种的夹竹桃凋谢了，另一方面则点出了爸爸的离开人世。那么爸爸在我的成长过程中究竟起了怎样的作用呢？然后利用咖啡屋的教学模式，开展小组学习，围绕这个话题再深入提出问题进行讨论，力求对文章能有更全面、更深刻的理解。通过小组组内讨论，组员"串门"互动，就文章的重点进一步学习和探讨，使自己的认识达到新的高度。最后，学生们通过思维导图的方式逐渐明确了：爸爸对"我"要求很严格，希望"我"从小就能养成好的习惯，但是他表面的严厉中又有无限的关爱，关心自己的冷暖和苦乐。爸爸的爱使"我"意识到不能懒惰，要处处严格要求自己，为"我"以后的成长上了很好的一课。学生自由互评发言，教师总结，作者的文章和同学们的发言合成了一首感人肺腑的父爱的乐章。同时，进一步明确使同学们明白每个人在成长的过程中都有烦恼，但只要正确对待就一定会解除烦恼，迎接新的挑战。

又如，一命题作文为：当我面对＿＿＿＿＿＿＿的时候（荣誉、成功、挫折、鼓励、某种目光……）。在采取咖啡屋讨论学习时，可以充分调动学生的情绪，提出问题"你面对过什么样特殊的情况，让你记忆犹新？"从而让学生根据这个作文题目分享自己的经历，并且交流自身的感受。在这样的学习过程中，充分地发挥学生主观能动性的作用。

三、分享学生的交流成果，提升学生的表达能力

在咖啡屋教学过程中，小组讨论后，老师可以挑选小组代表去其他小组分享本组的讨论成果，也可以让学生在全班同学面前阐述自己对课文选材、命题和撰写的看法，展现自己的写作技巧和写作灵感。老师也可以根据现场学生的疑问或

争议提出意见,并进行有效的点评。通过这种模式提高学生的表达能力和对语文的学习能力。

第四节 在语文阅读教学中的运用分析

世界咖啡屋在传入我国之后,通过与当前的教学要求的不断适应,已然成为一种可改造、可深化的新式教学理念。世界咖啡屋的教育主旨在于为学生创造表达交流、发挥自我的自由环境,注重学生的人文意识,利用学生们的思想交流摩擦出教育火花。其在语文阅读教学中有着非常重要的作用。

一、引发阅读欲望,提升阅读能力

阅读应该是一个轻松闲适的过程,教师应遵循"以学生为主体"的客观教学规律,允许学生自由发挥。但受到我国传统教学模式的限制,在长期的教学活动中,部分教师模糊了自己与学生之间的界限——或是过度干预学生的语文阅读学习,或是无法及时深入到语文教学当中,在这种环境下,语文阅读教学被人为意愿割裂开来,学生无法深入当前教学情境,更不能理解阅读的精髓所在。因此,要引导学生以较高的积极性参与到阅读教学当中,就必须关注学生的主观意识与认知思维,引导学生自主选材、自主阅读,并完成相关的阅读深化。

要利用咖啡屋教学提升语文阅读教学的综合教育层次,教师就必须对学生的阅读能力、阅读意愿投入更多的关注,提升学生的思维水平,引导其认识到自己"课堂主体者"的地位,将"不得不阅读"转化为"我需要阅读、我喜欢阅读",使阅读欲望与学习欲望从学生的心灵深处迸发出来。在开展阅读教学之前，教师可提前为学生下发与教学内容相关的阅读材料，使学生在参与阅读教学的过程中，对自身的学习观念做出改变。教师可根据教材主题选定课外阅读材料，丰富学生的人文、历史、情感积累，培养学生的阅读能力。在课堂授课环节，教师应为学生创造表达交流的机会，在引导学生发挥创作灵感的同时展现教学成果，使教学主旨自然而然地体现出来。教师应引导学生形成由浅入深的表达方式，在理清文章思路的同时，抓准文章的主题思想，树立正确的价值观。

二、丰富表达形式，提升阅读体验

世界咖啡屋认为，学习是一个表达与交流相互配合的过程，只有意识及时抒发，交流成果才能更为饱满。阅读是一个不断积累的过程，表达是阅读的升华，要引导学生在阅读教学中有所思考、有所收获。因此，教师应为学生创造平和稳定的表达环境，允许学生抒发灵感，构建高素质的语文课堂。

在阅读教学环节，教师可要求学生根据教学材料做出不限形式、不限内容的自我表达，使学生的个人意识与教学内容相互辉映，烘托教学氛围。教师应为学生创造良好的表达环境，在授课环节引入教学互动，要求学生朗读课文，利用声音烘托人物形象，将文字中的情节变成情感。在声音的渲染下，学生能够实现文字的活化，以个人情感带动阅读内容，使作品中的人物真正脱离书本的限制，走到语文课堂之中，重新展示当时的年代、背景、社会活动。如果学生的整体配合意识较高，教师也可组织学生在课后复习环节编排微型情景剧，通过多人参与的方式再现教材中的矛盾冲突，使阅读内容更加丰满。教师应引导学生利用形体与感知参与教学活动，从多个角度完成教学内容的剖析。在完成阅读教学的相关拓展之后，教师可要求学生进行写作，作文内容可以是个人情感，也可以是阅读认知，在帮助学生发挥创作灵感的同时，真正实现阅读教学的教育意义。

三、深化教学内容，提升语文感知

语文课堂是一座蕴含着无数可能的宝山，在开展阅读教学的过程中，教师应引导学生利用思维的镐头，深挖埋藏在字里行间的有益内容，提升个人语文学习水平，使阅读教学成为个人教学的养料。教师可引入世界咖啡屋中的文化交流观点——接触材料、形成认知、开始表达，并以此为核心，提升语文阅读教学水平。

在开展授课的过程中，教师应发挥自身的灯塔作用，引导学生深入教学材料，感受作者的人文情感，在阅读教学环节与学生形成互动。这样，当接触不同的阅读材料时，学生就会对文中所提到的时代背景、社会环境产生探究心理，并依据个人意识对其进行分类。在这种情况下，语文阅读教学课堂也会因学生个体之间的差异而变得更为丰富多彩。教师可对学生进行语文分组，并引入世界咖啡屋理论中彼得·圣吉先生的四角模式——在四人小组里，依据沟通特点对各人进行分类——推动者、跟随者、反对者和旁观者，增强学生的参与意识，实现语文阅读教学的有机联动。教师应培养学生的大局观念，从字里行间感受作者的情感变化，感受文章的写作背景，将学生的阅读行为真正转化成教学活动。以莫顿·亨特的《走一步，再走一步》的相关教学为例，将学生分成四人小组，要求其根据个人特点，利用咖啡屋开展阅读教学。在课程学习环节，由推动者提出教学问题《走一步，再走一步》的主旨是什么？父亲的做法可取吗？在提出教学问题的情况下，跟随者会认同推动者的学习观念——父亲的方法是可取的，此时，反对者给出相反的意见——如果父亲将"我"背下悬崖，"我"感受到父亲的爱，是否会产生另一种结局？在产生矛盾的情况下，旁观者能够发挥"旁观者清"的优势，在两种观念彼此碰撞、融合的过程中，学生利用语言交流推动课程进展，得出不同的教学结论，并提升个人思维能力，使阅读教学实现表达、理解、积累的同步提升。

此外，在语文阅读教学环节应用世界咖啡屋教学理念时，教师应把握好实际理论与教学环境之间的尺度，引导学生穿梭在现实与世界的边界之间，帮助学生认知、感受、记忆，提升学生的语文素养。

第五节　在语文写作教学中的运用分析

咖啡屋教学模式是在现代教育手段不断革新的情况下诞生的新型教育模式，该教育模式是对头脑风暴的一种革新，并更注重学生在学习过程中的思维方式。语文教师在进行教育工作时，要基于学生学习需求视角，深刻认知到咖啡屋教学模式的重要性和必要性，并将其与作文教学有机结合，真正使语文作文教学更有效、更科学、更有趣，让学生始终保有探索作文知识的浓厚兴趣。

一、咖啡屋教学模式在作文教学中的优势分析

（一）培养学生的写作素养

写作能力与表达能力之间相互关联、相互促进。在咖啡屋教学模式中，教师要始终尊重学生的主体地位，并引导学生自由表达观点，让每一位学生在教师的合理引导下积极参与交互活动，发表个人意见。在完成自由、有效的交流环节之后，教师要根据学生的实际表现和综合能力进行分析，并引导学生将自己的表达观点和内容进行转化，以文字的方式输出。故此，在咖啡屋教学模式中，学生的表达能力和写作能力都在彼此促进，最终实现学生写作素养的有效提升。

（二）丰富学生写作素材

丰富的写作素材对于提高作文可读性的效用尤为明显，但中小学学生没有丰富的社会经验和判断能力，因此往往在写作时会不知所措。在咖啡屋教学模式中，教师要通过集体汇谈的形式调动学生的参与性，激发学生的主观能动性，让学生在有趣、灵活、富有生命力的环境中阐发个人观点。在有效交互中，为学生建立起情感沟通的桥梁。这不但为学生提供了丰富多元的写作材料，让每一位学生都能够做到"有话可说、有情可表"，同时也突破了传统的作文教学模式，让学生始终保有探索作文知识的浓厚兴趣，进而使学生从实践中获得素材，从素材中获得灵感。

（三）提高学生写作水平

创作性思维是学生创作出优秀作文必不可少的关键要素。在咖啡屋教学模式中，教师要引导学生以集中的话题为主进行分析，对该话题进行发散式思考。在这种交流模式中，学生能够了解交流的重点和核心，从而进行头脑风暴。这不但可以牢牢抓住学生的注意力，同时也能够使学生逐步形成创造性思维，使学生能够在有限的社会经验中发散思维、发挥想象，并能够始终围绕同一主题撰写，使其在写作过程中做到文不离题。

二、在作文教学中应用咖啡屋教学模式的具体策略

（一）围绕同一主题，激发学生讨论兴趣

在咖啡屋教学模式中，教师要始终引导学生围绕同一个主题开展讨论，这是保障学生有效输出的基础和前提。因此，教师在开展作文教学活动时要合理、科学地选择相应主题，并引导学生在该主题下积极发挥想象和创造力，切实将咖啡

屋教学模式的作用和价值最大化。这不但能够使学生相互产生意见碰撞，进而激发出不同的创新想法，同时也能够使学生在交流过程中逐步形成合作精神，推动教学往更深层次的方向发展。

比如，教师在进行人教版八年级上册《走上辩论台》写作教学时，就可充分应用"主题讨论法"。在课前，教师可先以《大自然的语言》为出发点整理与该课文主题相关的核心内容，并将与该核心内容紧密相关的图片、视频、音频等资料进行整理和剪辑，制作成PPT教案，在课堂导入部分播放给学生观看。在学生观看完成后，教师要引导学生以小组为单位，围绕"奇妙的自然"这个主题展开讨论。在学生讨论过程中，教师要仔细聆听学生的讨论内容，但对于学生的具体探究方式却不能不过分干涉。同时，教师要将其中的偏差部分和遗漏部分进行整理，规划成班级统一性问题，在讨论结束后进行二次剖析。在学生讨论完成后，教师要引导各个小组阐述最终的结论，在某一小组进行分享时，其他小组可围绕主题提出疑问，展示小组根据提问进行分析和解答，教师要在一旁记录展示小组的关键信息。在各个小组完成展示后，教师要将班级学生的讨论结果以树状图的形式归纳在黑板上。接着，教师引导学生根据树状图内容将自己感兴趣或深入剖析的内容转化为文字。最后，教师要引导各个小组进行组内互评，并要求各小组成员勾画出文章的精彩部分和优秀部分。

通过这样的教学模式，学生能够围绕同一主题不断拓展和延伸，让写作内容更加丰富和饱满；同时在教师的引导下，学生也能够迅速调整自身的讨论方向和讨论内容，进而使自己始终保持探索该内容的热情和兴趣，真正实现咖啡屋教学模式的价值。

（二）丰富教学措施，鼓励学生大胆发言

宽松而又自由的表达氛围是咖啡屋教学模式的重点，因此教师要强化学生在交流互动过程中的主体参与性，并始终让学生在民主、平等、有序、灵活的环境中发表各自的见解。教师要应用多元的教学手段，鼓励学生大胆发言，让学生在

作文写作教学中充分感知语文学科的魅力。

比如，教师在教学人教版八年级下册《到民间采风去》写作的相关内容时，就可应用"游戏教学法"。在课前，教师先将该写作主题内容发布到班级学习群中，引导学生收集自己感兴趣或熟知的中国传统民间文化或新鲜资讯，将其合理规整后带往课堂中。在课上，教师可引导学生统一展示自己带来的相关内容，并由此开展"中国传统文化知识擂台赛"。首先，教师邀请一名同学将自己带来的内容进行展示，在该同学进行展示时，其余同学进行记录，并在该同学展示完成后，根据展示内容的表达效果和新颖程度为其"评分"，教师在一旁做好裁判和计时工作。接着，教师再引导第二名同学以上述方式展示，其余同学在该同学展示完成后以同样的评价方式为其"评分"，两名同学中得分最高者保留参赛资格，并接受第三名同学的挑战。以此类推。最终，班级中得分最高者则为该次"中国传统文化知识擂台赛"的"大擂主"。

活动结束后，教师要引导学生将自己所展示的内容进行转化，并以丰富、有趣的文字进行记录。

通过这样的教学模式，学生能够迅速形成学习共同体，并能够在彼此的交互中掌握丰富、多元的课外知识，进而相互促进、共同发展。同时班级中的学生在良性竞争中，也能够不断刷新自身的知识储备，使自身的视野得以拓展，最终促使自己的写作内容更具有可读性和优美性。

（三）尊重个性差异，开展有效分层评价

进入中学阶段的学生，因为家庭背景、个性发展、成长需求等各种因素的不同会造成较为明显的差异，而这些差异又会对学生的学习能力、表达能力、写作能力、感悟能力等产生直接影响。因此，教师在开展咖啡屋教学模式的作文教学活动时，就要充分尊重学生的个体差异，并根据学生的实际表现开展有效的评价。这不仅能够推动学生高效发展，同时也能够使教师根据实际情况调整教学方法。

比如，针对表达能力和书写能力相对较强的学生，教师要注重该层次学生的整体性和全面性。在该层次学生进行作文反馈或语言交流时，教师要引导学生挖掘主题中更深层次的内容，不断突破自身局限，往更深远的方向发展，如，"主题内容与自我发展的联系""核心部分给自我的启发"，等等，从而使表达内容或作文写作更具有大爱、大义。针对表达能力和书写能力相对较弱的学生，教师就要给予该层次学生更多帮助和关心，让学生始终保有学习自信，并稳扎稳打地提高自身技能。在该层次学生进行作文反馈或语言输出时，教师就要注重学生的基础性内容，如"条理是否清晰""是否离题""观点是否正确"，等等。此外教师要根据不同层次学生的实际情况进行分析，并为不同层次的学生设定不同的教学目标，应用个性化差异化的教学措施弥补学生短板，提高学生的写作水平和表达能力。

通过这样的教学模式，就能够使学生切实与教师建立起情感沟通的桥梁，使其在教师的帮助下迅速发现自身的不足，并在教师的辅助下调整自身的学习模式，真正实现班级整体性提升。这不但能使初中作文教学的有效性得以提高，也能够切实强化学生的语言输出能力，真正使咖啡屋教学式的教学价值得以体现。

综上所述，咖啡屋教学模式的有效应用对于提升学生语文作文教学水平具有极为深刻的影响。而要想切实发挥出该教学模式的真正价值和作用，语文教师就要不断革新教学观念，采取更有效的教学策略，引导学生更加自主和积极地表达个人意见，从而使学生的表达能力和写作能力有效提升，最终为学生逐步成长为符合现代社会需求的时代新青年打下夯实的基础。

第六章
咖啡屋语文教学具体案例

第一节　散文咖啡屋案例

背影 ①

【内容分析】

《背影》是八年级第一学期的一篇叙事散文。作者朱自清以极其朴实的文字重点描述了父亲车站送别的情景，表现了父亲对儿子深沉的爱。这篇文章以情动人，写的是父子之间看起来极不起眼的小事，但文章却能引起初中生心中最柔软的那一份对亲情的共鸣。本课时主要就是通过对《背影》的深入探讨，使学生学会从父亲对自己的一些小细节来领悟父爱深情。

【学情分析】

初二学生已经学习过《散步》《秋天的怀念》等散文，这些关于亲情的文章比较贴近学生生活，很能引起学生的共鸣。这些文章选材都是身边一些小事，结构巧妙，感情真挚，很适合学生模仿构思写作。《背影》更是其中的典范。学生

---

① 本案例由广州市第八十六中学刘玉莲老师提供。

能够通过对《背影》的深入解读，延伸到自己的日常生活中去，从而能够借用朱自清的写作技巧，写出自己的父爱。

【教学目标】

（1）对朱自清文章中的"父亲"进行形象分析。

（2）抓住文中表达作者感情的重要语句，整体感知课文内容，体会朴实语言所饱含的丰富情感。

（3）迁移：学生对自己父亲的描绘。

（4）感受父子情深，珍爱亲情，增进与父母的沟通与交流，培养中华民族传统美德。

（5）借鉴朱自清的叙事抒情风格，构思自己的文章。

【教学重难点】

（1）理解深沉的父子之情。感受自己父亲对自己的爱。

（2）借鉴朱自清的写作技巧和方式，组织自己写父亲的文章。

【教学过程】

一、创设情境，导入新课

在每一个普通家庭中都有这样一个人，他责无旁贷地挑起了养家糊口的重任，从不诉一声苦；他木讷少言，不太擅长与你进行亲昵的情感交流，但，他对你的爱却一样是炽热而真诚的。这个人就是——父亲。

教师：上节课，我们学习了朱自清先生的《背影》，今天，我们将以《背影》这篇文章为指导来读懂父爱。

二、课堂讨论

组织学生分组讨论以下议题：

（1）朱自清先生的父亲是个什么样的人？（请结合文章谈谈你的看法）

（2）朱自清先生是怎样读懂父亲的？

（3）你的父亲是个怎样的人？（请结合实例谈一谈）

（4）对父亲，你是否也有过像朱自清那样"聪明过分"、嫌弃他的时候？

（5）父亲的背影给朱自清留下了深刻的印象，提到你的父亲，你印象最深的是什么呢？（是震天响的呼噜声、洗不去的汗馊味儿、呛人的烟味儿、磨破洞的袜子、泛白的T恤、紧皱的眉头、洗不干净的手……还是雪白的衬衫、锃亮的皮鞋、宽厚的手掌、挺直的腰背……）

（6）朱自清先生怎样组织他的文章？如果让你写父亲，你打算怎么写？

我们的讨论分为三轮：

第一轮：在自己的小组讨论本桌的主题。在便利贴上写下你的观点。（桌长要总结归纳）

第二轮：桌长留在原桌，其他人可以去自己感兴趣的小组看别人的讨论成果，也可以发表自己的见解。（请桌长组织讨论）

第三轮讨论，同学们再次回到自己原来的桌子讨论。

三、讨论结果分享

讨论的时间结束。

师：好，大家请安静。下面我们会依次请各桌的桌长带着组员上台归纳你们桌的讨论结果。有请一号桌长和她的团队。

桌长：我们讨论的问题是朱自清先生的父亲是个什么样的人。我们组有很多答案，有表面的答案，也有深层次表达情感方面的答案。比如说，从书本上父亲的语言来看父亲是一个不善于表达的人，可是他对他的儿子是含有深深的爱意的。从课文第六段他的动作来看，父亲是有些年迈的人了。从父亲拜托茶房陪朱自清去，还要再三交代，最后还是选择自己去送儿子，可见他十分爱自己的儿子。谢谢大家！

师：谢谢！朱自清的父亲虽然遭遇了种种不幸，失业的威胁、中年的失意，但是他仍然深爱着自己的儿子。这份爱被儿子体验到并写了下来，这就是我们学习的《背影》这一篇文章。下面有请第二桌的桌长和他的团队，请你讲述一下，朱自清是怎样读懂父爱的。

桌长：文章写到第三段，父亲虽然赋闲了，还借钱办了丧事，但还是花钱给"我"做了紫毛大衣,"我"读懂了父亲深沉的爱。"我"当时已经二十多岁,父亲还是执意送"我"去火车站,送"我"回北京。"我"已经在北京往返过两三次了,但他还是不放心,要亲自送我。"我"读懂了父亲不放心儿子一个人,可见儿子在父亲心中的重要地位。即使父亲身形肥胖,爬台阶很困难,他仍担心我在车上会很无聊,亲自去给我买橘子。文章通过四次"背影",四次"落泪",还有父亲平实的话语,让朱自清读懂了父亲对自己的爱。我讲完了,谢谢大家!

师:我们第二桌的同学从朱自清记录的种种琐事,比方说那件紫毛大衣、父亲去买橘子这样小小的举动,读出了朱自清开始懂得了父爱。好,下面有请第三桌的同学跟我们分享一下"你的父亲是个什么样的人"。这个话题应该很有意思。

桌长:我们这一桌的话题是:"你的父亲是个怎样的人?"在我这一组的同学,大部分都是说(父亲)是关心家庭的,有点憨的,特别严厉的也有。我想给大家分享一个比较搞笑的就是其中一位同学的爸爸。他说他的父亲经常会用暴力解决问题的,什么事情都是用拳头来解决。还有他的父亲就是一个很愿意为别人付出,很不懂得表达情感的人。教育他的时候虽然会很严厉,不容置疑的是,他只是不善于表达而已。记得有一次,他的父亲打得他比较厉害的时候,他腿上全都青了。那一次他的父亲作为一个大男人直接哭了,心疼了,就去阳台那边抹眼泪。过了十多分钟,调整好情绪之后,才又来到他面前。所以那时候他就觉得,他的父亲虽然是一个很不善于表达情感的人,但是父爱如山,他能感受得到。

师:我觉得同学们都能从父亲的严厉中感受到深沉的父爱。其实每一位父亲都是如此,因为这种男性的角色使得他不善于表达,有时候他虽然对你很严厉,其实他也是希望你能做得更好。下面我们有请第四组的同学,"你是否有像朱自清那样自以为聪明、嫌弃父亲的时候?"

桌长:我们这个组的题目就是"对父亲你是否也会有过像朱自清那样自认为

聪明、嫌弃他的时候"。我们这一组的同学很多都提到自己的父亲吸烟、喝酒、脾气不好、脚臭等坏毛病。其实吸烟，我们觉得是很多父亲工作压力很大，他要承担家庭重任，吸烟、喝酒、打呼噜可能是他们缓解压力，就去付交际、身体疲惫的表现。尽管很多父亲都会很严厉地说我们，跟我们讲很多道理，但都是希望我们会比他现在做得更好，学习也要学得更好，有一个更好的未来，有更好的工作，不要像他这样劳累。

师：谢谢！我们说，中年是油腻的。他们上有老下有小，承担着家庭的重任，不可能像年轻人那样不停地跳槽，因为每一份工作、每一份收入对他都很重要。所以他们只能拼尽全力，努力工作。但是不管怎样艰难，他都这样坚持着，为你们撑起一方天空。下面我们看一下第五组同学，"你的父亲留给你的最深印象是什么？"

桌长：我们组的题目是：提到我们的父亲，给我们留下印象最深的是什么？在组里，很多人都说了父亲的坏毛病。比如说，他的呼噜声、他的脚臭、他的汗味等。但是也有一些同学说，他喜欢父亲的幽默，喜欢父亲为自己着想，喜欢父亲的坚持，喜欢父亲对自己的鼓励……从这里面也能看到同学们对父亲的爱。有位同学，她说父亲是抽烟的，但是如果她在场，她父亲就会帮她拂去烟雾。如果看到她不小心碰到了未熄灭的烟头，父亲会赶紧把她的手指含在嘴里，问她痛不痛。父亲对她的关心体现在无微不至的日常之中。还有一位同学，他说对父亲印象最深刻的是父亲会炒一手好菜，他一有时间就下厨帮妈妈做家务，为他的家庭带来了很多温暖。这里面，同学们对父亲的爱，体现在对父亲印象最深刻的事情里面。父亲对子女的爱也是浓浓的。就是这些。谢谢大家！

师：第五组的同学，他们能从各个方面体会到父爱。每一位同学都是以一种宽容的、理解的心态去看待父亲。那么接下来到了任务最重的一组：如果你要写父亲，你怎样组织你的文章。当然你可以先研究一下朱自清先生是怎么组织他的文章的。

桌长：我们都研究了一下朱自清的文章。我们发现朱自清是以《背影》为标题，用"背影"贯穿了整篇文章。用很多事情，比如说祖母去世，父亲的工作没了，借钱办丧事等层层铺垫，把文章那种低沉的气氛给渲染了出来。然后在车站的时候，重点用细节描写了父亲给他买橘子一事，把父亲对朱自清的爱和父亲那种朴实无华的性格表现了出来。最后我们归纳了一下，如果让我们自己写父亲，我们会第一时间先参考一下朱自清的文章，然后运用一些细节描写，比如语言描写、神态描写把父亲的爱渲染出来，加上一些思想感情，最后完成这个任务。我讲完了。

师：谢谢第六组的同学为我们的写作和构思提出了建议。

四、拓展延伸——《傅雷家书》和歌曲《父亲》赏析

下面我想把另外一位非常优秀的父亲介绍给大家。请大家一起读一下这一段话。这个字是"阿谀奉承"的"谀"。我们一起读一下：我更高兴、更安慰的是——

同学们齐读：

我更高兴、更安慰的是：多少过分的谀词与夸奖，都没有使你丧失自知之明，众人的掌声、拥抱，名流的赞美，都没有减少你对艺术的谦卑！总算我的教育没有白费，你二十年的折磨没有白受！——《傅雷家书》

师：希望大家课后读一下这本书，虽然里面的信是写给自己的儿子傅聪的，但是读了你也会觉得，自己也有这样一位优秀的父亲。

生：他儿子那时候在国外学音乐。

师：对！人们都说父爱如山，父亲对子女的爱如山厚重，真挚而深沉。但是家庭的重任、男人的社会角色，使得他不能把这份爱挂在嘴边。在家中，他也许沉默，也许严厉，但在他内心深处，却永远有着对孩子的无限怜爱与深情，这份爱和母爱一样细腻柔软，令人感动。

下面，一首《父亲》，和大家一起欣赏。

播放刘和刚《父亲》歌曲视频，歌词如下：

《父亲》

作词：车行

想想你的背影，我感受了坚韧

抚摸你的双手，我摸到了艰辛

不知不觉你鬓角露了白发，

不声不响你眼角上添了皱纹。

我的老父亲，我最疼爱的人

人间的甘甜有十分，你只尝了三分

这辈子做你的儿女，我没有做够

央求你呀下辈子，还做我的父亲

听听你的叮嘱，我接过了自信

凝望你的目光，我看到了爱心

有老有小你手里捧着孝顺，

再苦再累你脸上挂着温馨

我的老父亲，我最疼爱的人

生活的苦涩有三分，你却吃了十分

这辈子做你的儿女，我没有做够

央求你呀下辈子，还做我的父亲

五、布置作业

师：周末作业，虽然我们是自选角度，自拟题目，写一篇关于父亲的作文。但是提醒大家，第一，你必须像朱自清先生一样，用一个东西来做你写作的线索，他用了"背影"，如果你刚才提到了父亲的脚臭，那也可以写父亲的脚。你也可以像朱自清一样，做一些铺垫，在什么样的情况下，他对你的关心和爱护格外令你感动。然后，在这么多铺垫当中，你肯定要选一件事来突出描绘，对不对？你可以像朱自清一样，他给父亲的背影来了一个特写，你也可以给父亲的脚来一个大大的特写。例如，他的脚上面也许有长年累月劳作留下的沟壑，有可能

| 深度汇谈　智慧分享——世界咖啡屋教学实践指导 |

是脚气过后泛起的白皮，脱下袜子后散发出来的味道……当然，我只是举个例子，也许你的父亲他是一个特别爱干净的人，那你就可以去突出描绘他那雪白的衬衫。好，今天的课就到这里，请大家收拾好东西离开。谢谢大家！

【教学反思】

这节课是《背影》的第三课时，主要是对《背影》的深度解读，同时，借鉴朱自清的写作技巧，构思自己的关于父爱的文章。这节课要讨论的问题比较有深度，问题较多，信息量比较大，所以选择采取咖啡屋的教学模式来进行。同学们经过充分的讨论，分析得很深刻，思路也更加清晰。经过这样一节课，同学们可以比较轻松地完成写父亲、父爱的文章。

秋天的怀念 [①]

【内容分析】

《秋天的怀念》是人教版七年级上册第二单元的第一篇课文。本单元所选文章以"亲情"为主题。本文情感丰富厚重，深沉含蓄，是本单元学习的重点课文。

《秋天的怀念》选自《史铁生散文选》。本文通过记叙自己双腿瘫痪之后，母亲强忍着内心极度的痛苦和重病的折磨，无比关怀爱护病残儿子的感人情景，展示了博大深沉、崇高无私的母爱，抒发了自己对母亲无限深切的怀念以及愧疚之情。

【学情分析】

七年级的学生思维活跃，乐于在课堂上表达自己的意见。但是生活阅历少，体会作者在苦难的境遇生发的情感会有些困难。采用咖啡屋的教学模式，给学生提供了一个交流分享合作的平台。

【教学目标】

知识与能力：有感情地朗读课文，理解课文内容；品读文章含蓄深沉的

---

① 本案例由广州市番禺区市桥桥兴中学谢彬老师提供。

语言。

过程与方法：运用咖啡屋教学方式，让学生学会理解母爱。

情感态度与价值观：深入理解作者的复杂情感，如对母亲的怀念、自己的愧疚及对困境中"好好儿活"的领悟，唤醒对母爱和生命的感悟。

【教学重难点】

重点：运用咖啡屋教学方式，让学生学会理解母爱。

难点：唤醒对母爱和生命的感悟。

【教学过程】

一、课前准备

（1）提前布置12张桌子，全班同学分成12组，围坐在12张"咖啡桌"前。

（2）桌子上可以放一些温馨的小摆设。每张桌子上都铺一张大白纸，放一些便利贴，这样可以让"咖啡桌"上的讨论者们把讨论的内容写在上面。

（3）在上课的前几天，布置一项任务，让同学们用心观察父母在家的行为，尤其是对自己的一些行为举动。

二、课堂导入

她昏迷前的最后一句话是："我那个有病的儿子和我那个还未成年的女儿……"生命最后那一刹间，依然牵挂的是自己的儿女，这句朴素但不简单的话语，可以说凝聚了普天下所有父母对儿女的爱。这位母亲是谁，她就是史铁生的母亲。今天我们一起学习《秋天的怀念》，走近这位可敬的母亲。

三、朗读课文，整体感知课文内容

（1）朗读要求：正确、流利、有感情。

（2）概括文章内容。

教师明确答题规范：人物 + 干什么 + 结果

本文记叙了一位身患绝症的母亲忍受身体和精神上的巨大痛苦，精心呵护双腿瘫痪的儿子，歌颂了伟大的母爱。

四、咖啡屋教学实施阶段

师生共同探讨的问题：理解母爱，感悟生命。

（一）老师引导

新华字典上是这样解释母爱的：母爱一般泛指母亲对子女的爱。今天我们就来品读文章，理解母爱。在本文中，我们如何理解母爱，需要我们用心去品味：母爱是融入在生活中的点点滴滴中，是化在润物细无声的细节描写中。同学们可以从文中找出最让你感动的描写母亲的细节语句（语言描写、动作描写、神态描写），细细品读，理解文中的母爱。

PPT展示：讨论问题：理解母爱，感悟生命

（二）开展第一轮咖啡屋讨论

桌长布置任务，组织本桌同学品读文章，然后把自己对母爱的理解，对生命的感悟写在便利贴上，并和同学分享。同组同学评价，然后把内容用思维导图形式写在桌面的大白纸上。

老师在各"咖啡桌"巡视，倾听同学们的讨论，适当点拨：高尔基曾说，世界上的一切光荣和骄傲都来自母亲。他高度赞扬了母爱的无私。没有目的，无私为我们奉献的那就是母爱。本文是如何体现母爱的？从文中你悟出了什么是母爱？一定要抓住这些进行讨论，而且要从文章中悟出你对生命的感悟。

（三）开展第二轮讨论

桌长留在原位，本桌其他同学流动在其他"咖啡桌"，倾听并思考其他桌同学对母爱的理解和生命的感悟，用便利贴记下新的理解，也可以在流动桌那里表达自己的理解和感悟。

（四）开展第三轮讨论

所有人回到自己最初的"咖啡桌"，综合整理从其他桌带来的想法，然后在本桌大白纸上用思维导图形式完善内容。

经过三轮的讨论，各"咖啡桌"都集中了同学们智慧，然后向全班展示汇报。

第六章 咖啡屋语文教学具体案例

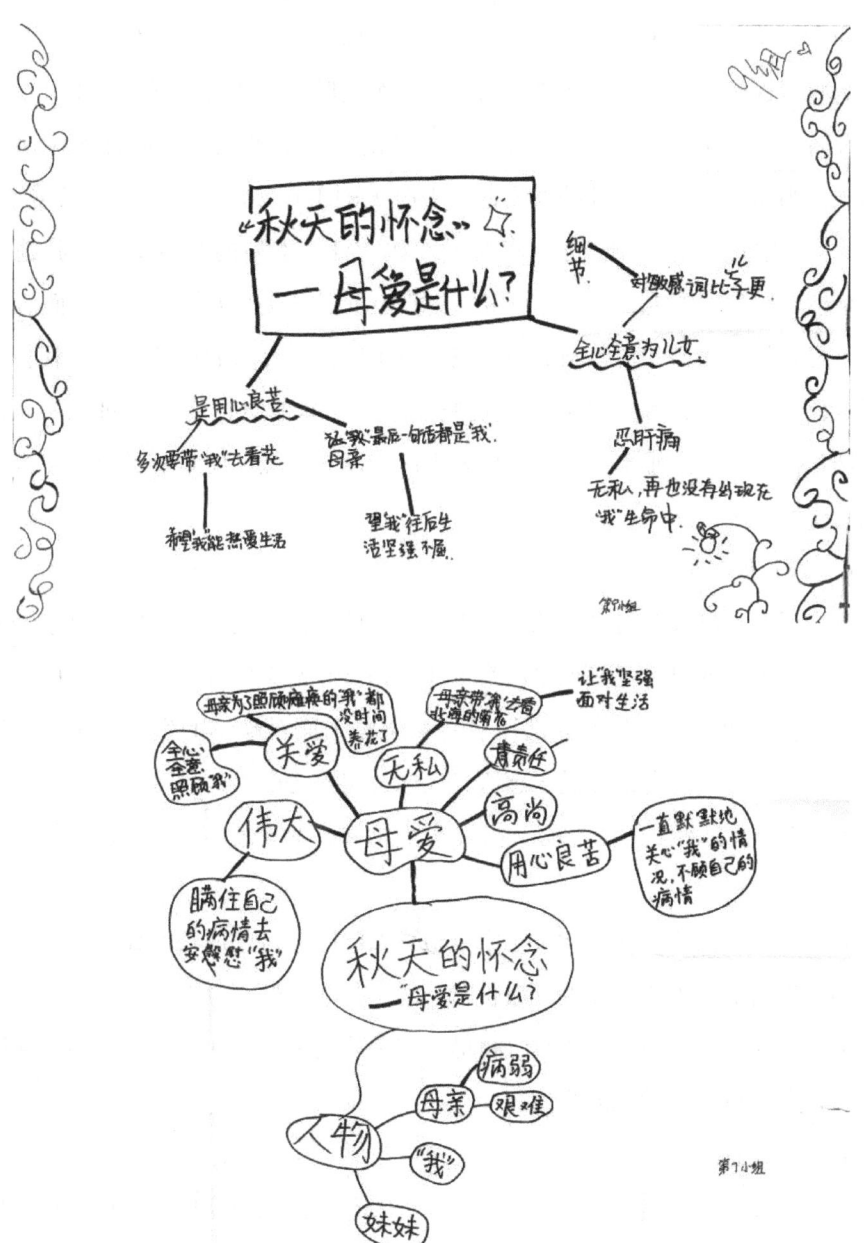

（五）老师小结

同学们在这轮教学讨论中，气氛非常活跃，此起彼伏富有深情的朗读声中夹杂了同学们对母爱的理解。全文没有一处直言母爱，但母爱却无处不在。A组抓住了妈妈的神态、语言、动作描写细节，从而挖掘出平凡而深沉的母爱。在我颓废暴躁时，母亲包容我；在我绝望时，母亲的"好好儿活"教我面对生活要坚强乐观；当树叶飘落时，她挡在窗前，无时无刻不在照顾我的情绪，关爱着我。B组从文章中具体的事例入手理解母爱。如，身患重病的妈妈不告诉我她的病情，依然鼓励我好好儿活下去。C组以文章中重复出现的语句"好好儿而活"作为理解母爱的切入口，让逐渐成熟的我们终于体会到母亲的良苦用心，教会了我们勇敢面对生活的困境，教会了我们坚强乐观。其他组也能从不同角度理解母爱。同学们对生命的感悟：珍惜、珍爱生命，面对逆境、磨难要勇敢，乐观积极地面对生活……

（六）拓展延伸

母亲因病早已离开自己的儿女，母亲去世后，作者也终于明白了母亲的良苦用心，身患绝症的母亲竟然死之前都牵挂着儿女。本文作者身体是残缺的，母亲用自己的行为和语言"好好儿活"教育孩子坚强面对缺憾的生命，对自己生命负责。这些让作者对母亲充满了感激、怀念、愧疚之心。这种母爱是无私的，是深沉的，是无法用语言言说的。在现实生活中，你们认为母爱还体现在哪些方面？

同学们积极回答：在日常生活中母亲是如何陪伴自己成长，如学习上的陪伴和鼓励，生活上的关心和照顾，成长路上的支持和关怀；也有同学细说了母亲头上逐渐增多的白发，脸上的皱纹，粗糙的双手，失去光泽而疲倦的眼睛，唠叨的话语，抒发了对母亲的感激之情。

五、教师总结

本文的母亲让我肃然起敬，她教给孩子的不仅仅是爱，更是一份责任。她教育孩子如何面对有缺憾的生命：无论遭遇什么厄运，都要珍爱生命，活得坚强，活出生命的精彩。这才是伟大的母爱。作者的自省精神，以及坚强面对生活的磨难精神也让我钦佩。同学们，我希望你们做向阳而生的人，也希望你们常怀感恩之心，活出生命精彩。

【教学反思】

《秋天的怀念》是篇情感丰富厚重、含蓄隽永的亲情类散文。我和同学们探讨话题的是"母爱、生命"。这类话题让七年级学生来讨论，容易浮于表面，流于形式。如何让学生能够真正理解母亲，感受母爱的伟大，感受生命的美好？我决定采用"世界咖啡屋"教学方法来解决。

"世界咖啡屋"教学方法是一种行动导向型的教学方法，它给同学们提供了分享交流的平台，让他们在自由的空间内尽情地表达自己的看法，从而提高学生的学习行动能力。

在上课之前，我对于学生讨论母爱的话题心中是没有底的，但在活动过程中，我惊喜地发现学生对于母爱有很深的体会。学生从人物的语言描写、动作描写、神态描写、细节描写等方面触摸了深厚的母爱，也抓住了作者平淡而富有深情的语言风格并理解母爱。有同学在朗读时，声音哽咽，眼眶湿润；有同学不停地说，我今天才真正理解了父母对我的爱。特别是在课堂知识迁移环节，我让学生说说自己的母亲。结果母亲头发变白，皱纹越来越多，甚至手上的茧子，皮肤的微黄暗淡都被学生满含深情地说出。那一刹那，我终于悟出"世界咖啡屋"这种教学方式的魅力所在，学生不是不懂爱，是我们老师或者家长没有读懂他们丰富的内心情感。"世界咖啡屋"教学模式正好提供了这样的平台，学生们在这里可以自由地表达情感，和其他人进行情感和思维的碰撞。

这节课，学生读懂了母爱，感悟了生命的美好；我也读懂了学生，感触到他们鲜活的蓬勃生命力和炽热的情感。"世界咖啡屋"教学模式，的确值得我们老师去研究、推广。

第二节　诗歌咖啡屋案例

诗词分类鉴赏[①]

【内容分析】

《诗词分类鉴赏》是为八年级的学生准备的一堂用复习旧知识的方法学习新诗词的课程。

我们把学过的诗词按照"山水田园诗""边塞征战诗""思乡诗""咏史怀古诗""借景抒情诗""托物言志诗"进行分类。前面四种是从写作内容上来分的，后面两种是从诗词的写作手法来分的。

每种类别下各有四首诗。前三首是我们已经学过的诗词，最后一首是没有学过的。所以，本课的教学重点就是从学过的诗词入手，迁移理解第四首同类的诗词。

【学情分析】

学生从小学开始接触古诗词学习，但是大多停留在背诵阶段，系统地进行诗词鉴赏是到了初中才开始。而初中阶段对于诗词鉴赏的要求，也是能理解诗词内容，知道诗词运用的手法，领悟诗词表达的情感即可。

学生们已经接触过一定量的诗词，只不过这些诗词不是以这种分类方式呈现的。学生们通过独立、探讨合作学习，概括出前面三首诗的共同之处，用这些知识迁移到新知识的学习中去，可以帮助他们掌握这种类型的诗词赏析方法。

【教学目标】

（1）能根据学过的诗词鉴赏知识，概括出各种类型诗词的特点。

[①] 本案例由广州市第八十六中学刘玉莲老师提供。

（2）掌握同类诗词鉴赏的方法，能用这种方法去赏析同类未学过的诗词。

【教学重难点】

把归纳出来的诗词赏析方法，灵活运用到新的诗词鉴赏中。

【教学过程】

一、教学准备阶段

（1）教师准备好学案。在咖啡屋诗词课堂教学前发给学生。

（2）学生自己做好"预习案"部分的内容。

（3）提前布置好6张桌子，桌子上可以有一些温馨的小摆设。

（4）班上的同学分成6组，围坐在6张"咖啡桌"前。

二、教学唤醒阶段

中国是一个充满诗意的国度，从《诗经》中在水一方的伊人，到纳兰性德"人生若只如初见"的感慨，都丰富着我们的生活，滋润着我们的灵魂。今天，我们将赴一场最浪漫的约会，一起走进最美诗词。

提起诗歌，我们必然会想起唐诗宋词。

翻开《唐诗三百首》，这里既有"宁为百夫长，胜作一书生"的万丈豪情，也有"何当共剪西窗烛，却话巴山夜雨时"的缠绵悱恻；这里既有"大漠孤烟直，长河落日圆"的奇特壮丽，也有"曲径通幽处，禅房花木深"的清幽秀美。

宋词一卷，既有"无可奈何花落去，似曾相识燕归来"的叹惋惆怅，也有"兴尽晚回舟，误入藕花深处"的青春情趣。

接下来就让我们一起欣赏几段精美的文字，看看别人是怎样领略诗词之美吧。（6位同学开始朗诵）

站在世纪的长河上，你看那牧童的手指，始终不渝地遥指着一个永恒的诗歌盛世。唐朝是歌舞升平的唐朝，是霓裳羽衣的唐朝。唐朝的诗书，精魂万卷，卷卷永恒，唐朝的诗句，字字珠玑，笔笔生花。无论是沙场壮士征夫一去不还的悲壮，还是深闺佳人思妇春花秋月的感慨，唐诗之美，或痛彻心扉，或曾经沧海，或振奋人心，或凄凉沧桑，都是绝伦美奂，久而弥笃。

| 深度汇谈　智慧分享——世界咖啡屋教学实践指导 |

　　寒山寺的钟声余音袅袅，舒展双翼穿越时空、飞越红尘，似雁鸣如笛音，声声荡气回肠。世事更迭，岁月无常，更换了多少个朝代的天子！唐宗宋祖，折戟沉沙，三千粉黛，空余叹嗟。富贵名禄过眼云烟，君王霸业恒河消弭。唯有姑苏城外寒山寺的钟声，依然重复着永不改变的晨昏。唐朝的江枫渔火，就这样永久地徘徊在隔世的诗句里，敲打世人浅愁的无眠。

　　唐朝的月明。不知谁在春江花月夜里，第一个望见了月亮，从此月的千里婵娟，夜夜照亮无寐人的寂寥。月是游子的故乡，床前的明月光永远是思乡的霜露，月是思妇的牵挂，在捣衣声声中，夜夜减清辉。月是孤独人的酒友，徘徊着与举杯者对影成三人。

　　唐朝的诗人清高。一壶酒，一把剑，一轮残月。一路狂舞，一路豪饮。舞出一颗盛唐的剑胆，饮出一位诗坛的谪仙。醉卧长安，天子难寻，不是粉饰，不为虚名。喜笑悲歌气傲然，九万里风鹏正举。沧海一声笑，散发弄扁舟，踏遍故国河山，一生哪肯摧眉折腰！

　　唐朝的红颜多薄命。在刀刃上广舒长袖轻歌曼舞，云鬟花颜，泪光潋滟。都美一骑红尘妃子笑，谁怜马嵬坡下一抔黄土掩风流。情不可依，色不可恃。一世百媚千娇，不知谁舍谁收。长生殿里，悠悠生死别，此恨绵绵。

　　宋词是一坛醇酒，愈放愈浓，愈品愈香。王国维在细细品尝了几口之后，轻轻说出了三种味道，也是做学问的三种境界。一是"昨夜西风凋碧树，独上高楼，望尽天涯路"，这是"登高远望，绝处求生"之境；二为"衣带渐宽终不悔，为伊消得人憔悴"，是苦苦追寻，竭尽全力之境；三称"蓦然回首，那人却在灯火阑珊处"，是"豁然开朗，一片光明"之境。他如果再细细品味，又会有多少石破天惊的话长留天地间呢？

　　（朗诵词节选自《诗歌里的唐朝》及《走进宋词》）

　　在漫长的历史岁月中，也许人类的一切都会化作一抔黄土，仅在天地间留下一抹淡淡的痕迹。但是，中国诗词之美却如凝立于天地间的一座丰碑，永不倾颓。

三、咖啡屋诗词教学讨论阶段

中国古典诗词，以诗意的语言描述了形形色色的内容，表达了不同的情感。那么，在表面上各种不同内容、不同情感的背后，是否有某些共同的东西呢？

每一桌的桌长上来抽签，决定本桌主要探讨的诗词类型。

请跟你同桌的同学讨论一下，你们这一桌的前三首诗有什么共同之处？怎样利用你们的讨论结果赏析第四首诗？

本桌讨论完毕之后，桌长留在原桌，其他同学可以流动去别的桌子讨论其他诗词。

请所有同学再次回到自己最初的"咖啡桌"，看看经过其他同学补充完善过的答案对你们有什么启发。做好发言准备。

四、咖啡屋诗词教学结果展示

请各桌桌长带领自己的团队上来展示本桌的讨论结果。

经过讨论，第一桌发现，陆游的《游山西村》、陶渊明的《饮酒》、王绩的《野望》都表达了对山水田园的赞美，因此这类诗可以称为"山水田园诗"。

用这种方法迁移到没学过的古诗——孟浩然的《过故人庄》，同学们发现，这首诗写的是诗人应一位农村老朋友的邀请到他家做客的经过。朋友家的村子在绿树青山的掩映之中，主人备好了农村最好的待客食物：鸡和黄米饭。主客喝着自酿的酒，闲话桑麻收成，充满了乐趣。两人相约重阳节的时候还要一起赏花，表现了诗人对田园风光热爱，对乡下闲适淳朴的生活的赞美。

教师总结：山水田园诗，源于南北朝的谢灵运和晋代陶渊明，以唐代王维、孟浩然，宋代杨万里为代表。这类诗以描写自然风光、农村景物以及安逸恬淡的隐居生活见长。诗境隽永优美，风格恬静淡雅，语言清丽洗练，多用白描手法。

经过讨论，第二桌发现，李益的《夜上受降城闻笛》、岑参的《行军九日思长安故园》、李贺的《雁门太守行》都表达了边塞征战方面的内容，因此这类诗可以称为"边塞诗"。

用这种方法迁移到没学过的范仲淹的词《渔家傲·秋思》上，同学们发现，这首词上阕描绘的是一幅边塞秋景图：南飞的大雁、苍凉的边塞特有的声音、重峦叠嶂、孤城紧闭。词的下阕则抒发边关将士壮志难酬和思乡的情怀。

教师总结：在唐代，有一批诗人（如高适、岑参、王昌龄、李益等）十分擅长描写边塞征战生活，后人称他们为"边塞诗人"。（他们也被称为"边塞诗派"。）这些诗人的作品主要描绘边塞风光，反映边塞征战生活。诗风多豪壮苍凉。

经过讨论，第三桌发现，王安石的《登飞来峰》、龚自珍的《己亥杂诗》、刘桢的《赠从弟》都是借某种外物抒发诗人的志向或某种情怀，因此这类诗可以称为"托物言志诗"。

用这种方法迁移到没学过的陆游的词《卜算子·咏梅》上，同学们发现，这首词上阕描绘的是梅花寂寞地开放在偏僻的驿馆断桥外，饱受风雨的摧残，下阕写梅花的不屈灵魂及高洁的品质。词人以梅喻人，托物言志，用傲然不屈的梅花，表达了自己虽终生坎坷却要保持坚贞高洁的操守。

教师总结：托物言志就是通过对事物的描写和叙述，表现自己的志向和意愿。表面写的是某个具体物象，实则另有所指，诗人借此说彼。托物言志是古典诗词中常见的一种表现手法。

经过讨论，第四桌发现，陈子昂的《登幽州台歌》、杜牧的《泊秦淮》、李商隐的《贾生》都是通过对某处古迹、某个古人或某段历史的描写，借古讽今，表达自己对历史或某件事的看法。因此这类诗可以称为"怀古咏史诗"。

用这种方法迁移到没学过的杜牧的诗《赤壁》上，同学们发现，杜牧写他捡到一支折断的战戟，磨洗后认出是前朝遗物。而前朝的遗物又进一步引发作者的思绪，他觉得如果不是恰巧有一场东风，那么曹操胜利，历史将完全不同。杜牧实际是借这一史事吐露自身胸中抑郁不平之气。

教师总结：诗人以历史事件、历史人物、历史陈迹为题材，借登高望远、咏叹史实、怀念古迹来表达情感，或借古讽今，或寄寓个人怀才不遇的感伤，或表达昔盛今衰的兴替之感。这类诗多写古人往事，且多用典故，手法委婉。

经过讨论，第五桌发现，曹操的《观沧海》、刘禹锡的《秋词》、白居易的《钱塘湖春行》都是描绘了某种景色，表达了诗人某种感情，而且这种景色和诗人的情感交相辉映，情景交融。因此这类诗可以称为"借景抒情诗"。

用这种方法迁移到没学过的欧阳修的词《采桑子·轻舟短棹西湖好》上，同学们发现，欧阳修《采桑子》写的是泛舟颍州西湖时所见的美丽景色，游人心情的愉悦、悠闲的情趣尽在其中。

教师总结：借景抒情是指诗人带着强烈的主观情感去描写客观景物，把自身所要抒发的情感、表达的思想寄寓到景物上去。

经过讨论，第六桌发现，马致远的《天净沙·秋思》、李白的《春夜洛城闻笛》、岑参的《逢入京使》都是因见到了某种和家乡有关的人或物，而勾起了诗人的思乡之情。因此这类诗可以称为"思乡诗"。

用这种方法迁移到没学过的李白的诗《渡荆门送别》上，同学们发现，这首诗是诗人李白青年时期在出蜀漫游的途中所写，先写诗人乘船远行，跟着写沿途所见美景，最后写故乡之水不远万里为他送行，表现了作者年少远游时浓浓的思乡之情。

教师总结：思乡，实际是思念家、思念家人，就是思念家乡亲人。羁旅思乡诗主要写客居他乡的游子漂泊凄凉孤寂的心境以及对家乡、亲人的思念。

五、课堂总结

让我们一起来总结一下本课我们研讨过的诗歌类型：山水田园诗、边塞征战诗、托物言志诗、咏史怀古诗、借景抒情诗、思乡诗。其实除了上述的分类，诗词还有以下类型我们本课没有涉及，如闺怨（闺情）诗、谈禅说理诗、赠友送别诗、羁旅行役诗、悼亡游仙诗……

同时，这种分类并不是很严谨，因为某些类别会有重合的地方。比方说，边塞征战诗中，也多会表现驻守边关的将士们的思乡之情，还有很多其他类别的诗中，景物描写也蕴含着诗人的情感，等等。

| 深度汇谈　智慧分享——世界咖啡屋教学实践指导 |

【教学反思】

这节诗词分类鉴赏课，采取咖啡屋的教学模式来进行，同学们经过充分的讨论，集思广益，因此对同类诗词的特征把握十分到位。他们用这些来迁移学会解决新问题，这也是"归纳总结"的意义所在。

同时，最后的展示，因为是整张咖啡桌的所有同学一起上台，而且展示的是已经在下面谈得很透彻的话题，所以发言的时候大家都能落落大方地完成自己的汇报部分。

我们这次把学过的诗词分成山水田园诗、边塞征战诗、托物言志诗、咏史怀古诗、借景抒情诗、思乡诗这六种，但是，这种分类并不严谨，而且有的分类之间概念还有交叉。这也是学生在总结归纳时感到有些疑惑的地方。这还需要我们在以后备课的时候加以完善。

《诗经》全书 [①]

【教学背景】

国学经典名著是我国传统文化的瑰宝，是古代圣贤的思想智慧的结晶。中国自古就是一个诗歌的国度，《诗经》不仅是中国人精神的一个起飞点，也是原始先民生活的瑰丽展现。在《诗经》中，我们感受到他们的那种率真、担当和人生责任，感受到那种古朴热诚的精神力量。初中阶段是人们记忆力最旺盛、学习能力最强的时期，若能广泛涉猎国学经典著作，对品德、人格和心理的健康发展都具有积极的促进作用。

【教学目标】

（1）了解《诗经》的基本常识，初步理解《诗经》的诗情、诗意，感受《诗经》之美，交流阅读《诗经》的感受。

（2）让学生学会读古诗文整本书的基本方法，订立读书计划，培养读书做笔记的习惯。

[①] 本案例由广州市番禺区沙湾镇象达中学黄细兰老师提供。

(3) 培养学生结合注释理解古代诗作的能力。

(4) 学习简单仿写《诗经》。

【教学重难点】

运用咖啡屋式阅读指导教学模式，让学生在活动中感受《诗经》之美，让学生学会读古诗文整本书的基本方法。

【教学对象】

初二学生。

【教学过程】

第一课时：导入激趣阶段

一、教学目标

了解《诗经》的基本常识，初步理解《诗经》的诗情、诗意，感受《诗经》之美，交流阅读《诗经》的感受。

二、设计意图

在《诗经》阅读指导课中适当采用咖啡屋的教学模式，激发学生阅读的兴趣，初步感悟《诗经》之美，读懂《诗经》。

三、实施过程

(一) 教学准备

(1) 将学生课桌每8张拼成一张大桌子，桌上布置一些小型绿色植物、小点心和茶水。桌面上放一张大白纸，同学们可以在上面写字记录，或者用于张贴自己的观点（观点写在便利贴上，直接贴到本桌的讨论纸上）。

(2) 班上的同学分成6组，围坐在8张"咖啡桌"前。

(二) 导入

(1) 请学生聆听吟诵的音频，带领学生感受的《诗经》音韵之美。

(2) 老师结合图片PPT介绍：2015年获得诺贝尔医学奖的中国女科学家屠呦呦以及著名建筑学学家梁思成及其妻子林徽因的名字都出自《诗经》。分别是《小雅·鹿鸣》中的"呦呦鹿鸣，食野之蒿"，《商颂·那》中的"汤孙奏假，绥我思成"，和《大雅·思齐》中的"大姒似徽，则百斯男"。

（三）介绍

介绍《诗经》的相关知识：作者、作品和背景简介。

（四）展开咖啡屋教学

运用咖啡屋的教学模式交流预习作业，让学生在多轮讨论中相互交流对《诗经》作品的理解感受，吸收对方的所学所思，初步领略《诗经》之美，感悟《诗经》之义。

1. 讨论

第一轮讨论，同学们先组内交流自己在预习中找到的最喜爱的《诗经》作品，朗读一下，分享一下阅读感受并把大家的分享写在桌面铺的大白纸上。

第二轮讨论，除了本桌的主持人之外，其他同学还可以流动到其他"咖啡桌"，去看其他桌子的讨论结果，并提出自己的建议。这些建议被主持人作为有益的补充添加到自己的汇报结果中去。

第三轮讨论，流动到外面的同学再次回到自己最初的"咖啡桌"，带着从"外面"学到的观点，对这些议题再进行充分的讨论和补充。

2. 成果展示

每组朗读自己最喜爱的《诗经》作品，并简要介绍理由和阅读感受。

3. 教学反思

学生们的展示非常精彩，形式不拘一格：有的是主持人代表展示，有的是小组集体展示；有的是用普通话诵读，有的使用粤语、四川话、客家话诵读。展示完后，小组间相互点评，老师进行小结，最终大家投票选出最佳展示奖，让学生们充分发挥阅读的自主性和创造性，每人都积极参与到交流讨论中来，效果显著。这也是咖啡屋的神奇效应。课后教师顺势布置学生写"你最喜爱的《诗经》"为主题的读后感，并进行评比。以下是其中的优秀作品选篇。

《诗经》读后感

沙湾镇象达中学　刘彤

五百年诗词之沉淀，三千年历史之光阴，它在历史的长河中流淌而至，满载着意蕴，袅袅娜娜地走来。远古的和风拂过心灵，在如今喧嚣世间，涤荡出清澈的乐感，又如一弯清泉，净姝心之空灵。

《诗经》篇篇字字珠玑，内容博大精深，饱含韵味。曾想起那篇《诗经·国风·周南》"关关雎鸠，在河之洲。窈窕淑女，君子好逑。参差荇菜，左右流之。窈窕淑女，寤寐求之。求之不得，寤寐思服……"在一片清澈的小溪前，有一处景物夺人眼球，一对雎鸠双双飞进了溪前独景图。在湛蓝的天空下，轻和流淌的小溪前，它们停留在树枝上互相对望又是相互对唱，原本静止不动的溪前独景图变为了春意盎然的雎鸠和鸣图。它们互相对望的眼神应该是人世间最值得信任的"美"，它们相互对唱的乐符应该是天地间最迷人的"景"！在这谁也不愿打破的美景中，一位文静小巧的女子缓慢走进这雎鸠和鸣图中，"窈窕淑女"在花间不由分神，一下看着流淌的溪水，一下看着远处的山脉，好像在等待什么。忽然间她回过神来，采着新鲜的荇菜，一个一个往手中的篮子里放。那芊芊玉手看上去光滑细嫩，不断在空气中划着一道又一道的弧线。女子却不知道远处有一个君子的目光跟着这弧线转动眼球！不一会儿，少女走出了这幅美景，留下的只是一个依依不舍的眼神，躲在树后的男子见她一点一滴从美景中消失这才敢从树后走上前来，走在她刚刚走过的每一个地方，时不时还闻到一种她留下的清香。男子正在回想着，回想着她方才做的每一个动作，遗留的每一个笑容。当男子回过神时已近黄昏，他不紧不慢地走在回家的路上，脑海里浮现的仍是女子的笑容。虽然他早知道，那笑容不可能出现在他的世界！这是诗人对河边采摘荇菜的美丽姑娘的恋歌。随着作者的笔墨漫步，口上默念几句歌词，便能在脑海中勾勒出幅幅充满日常生活气息的画面，体会其中韵味，陶醉其中。

还有《邶风·静女》："静女其姝，俟我于城隅。爱而不见，搔首踟蹰。静女其娈，贻我彤管……"一对情人相约在城隅幽会，但是当那男子赶到时。那女子却故意躲了起来，急得那男子"搔首踟蹰"。那女子赠给那男子一根"彤管"作为爱情信物，那男子惊喜交集，他觉得那"彤管"分外美丽，不同寻常。全文就短短几句歌词便描绘出了情侣的约会情形，富有生活气息，感情真挚，如此简单青涩的爱情，纯真而美好，不夹带着任何的杂质，让人舒心羡慕。而对那位痴心小伙子的一腔真情，我们除了深受感动之外还能说些什么？

《诗经》的美妙总是让人难以忘怀，它以寥寥数语，引领我走进了古人的世界，仿佛一下子回到了星点零落的古代村落，穿越了数千年的漫长时光，感触到了先秦百姓的生活气息。让我不由自主地沉醉其中，不可自拔。闭上眼睛，用心静静地聆听，听到了那来自远古的心灵的呼唤。

桃花下的韵律——《诗经》读后感

沙湾象达中学 张雨姿

《诗经》与我的不期而遇，就是在一个简单平凡的春天。夹着桃花的馥郁芳香，我感受到了来自几千年前中国传统文化独有的韵律，它们就轻声在耳畔扬起，又随着桃花飘落，落下一片像诗一样的花瓣雨，就像一场朦胧的美梦……

《诗经》是中国古代的诗歌开端——最早的一部诗歌总集。《诗经》是极宝贵的民俗材料，其中有很多的诗是描写了当时老百姓们的生活情况，比如，我最喜欢的一首《桃夭》——桃花和出嫁的女子的诗歌。

《桃夭》的内涵在于"美"和"善"中，孔子曾提出"美"还有"善"的差异。"桃之夭夭，灼灼其华"——春天桃花漫天开放，即将出嫁的女子鲜艳红妆和灼灼桃花相映成趣。诗人短短的几个字，就描绘出一幅极"美"的画面；"之子于归，宜其室家"——不仅这新娘将来嫁过去会多子，而且对她的婆家还很和善。诗人将古代对女子的"善"的定义融入这几个字中，是桃花孕育出许多桃子，也是新娘将来为丈夫传延香火。

《桃夭》的内涵让我印象深刻，但是更让我陶醉的是《桃夭》中夹带着的《诗经》美妙的韵律。

《桃夭》不长，但是即使是粗略看去，在脑海中也会浮现出桃花开得绚烂欲燃和新娘出嫁的画面。这都多亏了《桃夭》中的用字，"夭夭"、"灼灼"把桃枝柔弱、随风摇曳和桃花灿烂的样子写活了，细细品味，仿佛身临其境。若是将

《桃夭》念上一遍，《诗经》独有的韵律就像流水一般流淌出来，"温顺"又"激昂"。尽管没有音符相随，《桃夭》还是像一首歌曲一样，随着若有若无的伴奏和桃花的淡淡水汽荡漾在心尖……

我曾经读过《题都城南庄》，那句"去年今日此门中，人面桃花相映红"和"人面不知何处去，桃花依旧笑春风"。总让我回味无穷、浮想联翩。如今读了《桃夭》，和"桃之夭夭，灼灼其华"相比，就不如《桃夭》那么"耐人寻味"。

又是桃花开落，却只需一首仅仅四十八个字的《桃夭》就可以领略在春天中的无限美好。《诗经》顺着桃树的枝丫，在微风中摇曳着，诠释着几千年前的神秘歌谣……

第二课时：整本书通读阶段

一、教学目标

（1）让学生学会读整本的书的基本方法，订立读书计划，培养读书做笔记的习惯。

（2）培养学生结合注释理解古代诗作的能力。

（3）学习简单仿写《诗经》。

二、设计意图

运用咖啡屋的教学模式开展阅读方法交流课，通过"《诗经》阅读指导读课"与"课后自主阅读"相结合的形式，让同学们堂上交流阅读方法，介绍方法，小结方法，再进行自主阅读。自主阅读后，再堂上指导。这样交错进行，推进本书的阅读，教会学生方法，读懂《诗经》，并且学习仿写《诗经》。

三、实施过程

（一）教学准备（与第一阶段相同）

（二）讨论

第一轮讨论，同学们先组内交流自己阅读方法和仿写作品，组内进行修改整合，每位同学把修改后的阅读方法和仿写作品写在便利贴上直接张贴在本桌的大白纸上。

第二轮讨论，除了本桌的主持人之外，其他同学还可以流动到其他"咖啡桌"，去看其他桌子的讨论结果，并提出自己的建议。这些建议被主持人作为有益的补充添加到自己的汇报结果中去。

第三轮讨论，流动到外面的同学再次回到自己最初的"咖啡桌"，把所学再进行充分的讨论和补充。

（三）成果展示

请各主持人带领自己的团队上来展示本桌的讨论结果。

有的组制出了操作性很强、很实用的阅读记录表：

阅读记录表

阅读时间：＿＿＿＿＿＿＿＿＿＿＿

阅读范围：＿＿＿＿＿＿＿＿＿＿＿

阅读感悟：＿＿

讨论问题：＿＿＿＿＿＿＿＿＿＿＿＿＿＿＿＿＿＿＿＿＿＿＿

疑难解答：＿＿＿＿＿＿＿＿＿＿＿＿＿＿＿＿＿＿＿＿＿＿＿

困难：＿＿＿＿＿＿＿＿＿＿＿＿＿＿＿＿＿＿＿＿＿＿＿＿＿

收获：＿＿＿＿＿＿＿＿＿＿＿＿＿＿＿＿＿＿＿＿＿＿＿＿＿

办法：＿＿＿＿＿＿＿＿＿＿＿＿＿＿＿＿＿＿＿＿＿＿＿＿＿

有的组详细介绍了阅读《诗经》的方法：

一是略读与精读相结合。

精读即研读，咬文嚼字地读。仔细琢磨文章写什么、是怎样写的、为什么要这样写；认真揣摩文段的意蕴。略读即快速阅读，观其大略，了解大意。整本著作信息量很大，要实现高效阅读，学生要掌握略读的方法，如默读、快读、跳读。可采用定时训练的方法，即定时阅读一定量的文字，然后说出阅读内容概括或阅读感受。另外，跳读法对于学生阅读文言文帮助也很大。初中生往往由于文言阅读能力不强，而不愿读文言作品。初读时，用"跳读法"，即遇到不懂的不用停下了，一口气往下读，边猜意思边读，第一次没读懂，再读第二次，慢慢地，文言阅读能力也会得到提升。

二是学会深思与质疑。

阅读的实质是一个思考的过程，只是读了文字却不思考，是毫无意义的。教师导读国学经典时，要注意引导学生积极思考，注重"导思"。具体来说，可以创设情境，抛出问题，要求学生在阅读的基础上，对材料进行客观的评估与思考，并辩证的理解、质疑，进而提出自己独立的观点。

三是学会做批注、摘记。

阅读的笔记主要分为批注和摘记。2016版的部编新教材中要求初中生学习并掌握"批注"的阅读方法。"批"是点评，"注"是注解，边读边记录自己所思、所感、所惑，供自己日后深入钻研或者查阅。国学经典名著的批注主要包括：遇到不懂的文言字词，查古汉语字典，作注解；概括文段主要内容；随手记录自己的见解或疑问。摘记，即对文章的好词佳句，精彩段落进行摘抄。教师在教学中，注意引导学生进行摘抄积累，甚至能背诵所摘抄的内容，对于学生的写作水平和文学素养的提高是有很大帮助的。

有的组给老师提了中肯可行的建议：

(1) 建立班级QQ群，专门用于师生学习、讨论阅读《诗经》的相关问题。

(2) 给学生推荐《诗经》相关的网络资源，如电子书、视频、网站或微信平台。

(3) 课堂上以《诗经》中的名篇为例，指导运用各种方法进行深入研读。

(4) 开展读书分享会、《诗经》背诵比赛等活动。

《诗经》仿写作品也不乏佳作：

缘此

周蕊

结缘于此，盼守君来。一日不见，如三月今！
风雨如晦，鸡鸣不已。既见君子，云胡不管？

绿叶
杨铁成

绿叶翩翩，因我而舞。

夕阳映肩如游云天。

绿叶锦锦，与我随形。

日落而幕，才将惜别。

绿叶暖暖，赠我蒹葭。

密语甜言，语出万千。

母心
张雨姿

做母之心，思子所思。母之汗兮，流成海兮！

业悬铜钟，钟鸣母劳。母之泪兮，流成海兮！

多子之母，为子劳苦。母之血兮，凝成子兮！

仿写《木瓜》
黎瑞枫

投我以木船，报之以琼稿。匪报也，永以为好也。

投我以木梁，报之以琼楼。匪报也，永以为好也。

投我以木棉，报之以琼衣。匪报也，永以为好也。

秋风　植志杰

秋风凄凄，落叶为伴，所谓寒冬，几近苍黄。

欲往前赶，时不依让，欲往回退，秋风尽享。

秋风凉凉，落叶为裳，所谓寒冬，就在前方。

欲往前赶，岁月凄凉，欲往回退，秋风也沧桑。

秋风瑟瑟，落叶为家，所谓寒冬，已到其初。

欲往前赶，大雪飞扬，欲往回退，落叶满天舞。

【教学反思】

在这一环节中，利用咖啡屋模式，让师生之间、生生之间都能进行充分深入的讨论，有利于阅读研读的深入推进。我们发现，最终各桌的讨论结果集合了所有同学的智慧，阅读方法多样、思维非常清晰，仿写作品精彩极了！

第三节　戏剧咖啡屋案例

鸟尽弓藏[①]

【内容分析】

戏剧《鸟尽弓藏》咖啡屋教学设计是为八年级的学生准备的一堂戏剧创作及戏剧表演课程。

课程主要是依据《史记》中关于《越王勾践世家》的故事以及一些关于西施的野史传说，由学生进行筛选，研究这些历史人物的性格，进而创作成历史剧小剧本。剧本创作出来后，同学们还可以依据自身条件进行表演。

【学情分析】

《义务教育语文课程标准（2011）》中有关戏剧的部分，只说初中生要能了解诗歌、散文、小说、戏剧等文学作品。而且一般来说，戏剧单元都被安排在九年级下学期。因为初中年级学业考试几乎不考戏剧方面的内容，所以初中的戏剧教学一向比较薄弱。

但是，老师们教到《石壕吏》《唐雎不辱使命》等戏剧冲突比较强的文学作品时，也往往会指导学生将这样的故事改成课本剧进行表演。这种戏剧创作和表演形式往往都很受同学们的欢迎，而且课堂气氛也比较好。

从少年儿童的心理发展阶段来看，他们其实很喜欢戏剧这种文学形式。但是戏剧创作、剧本解读、戏剧表演等对于初中学生来说，还是很有难度的。

[①] 本案例由广州市第八十六中学刘玉莲老师提供。

深度汇谈　智慧分享——世界咖啡屋教学实践指导

【教学目标】

一、能根据搜索到的史料或民间传说进行剧本创作。

二、能把创作的历史剧《鸟尽弓藏》表演出来。

【教学重难点】

历史人物性格分析及塑造。戏剧《鸟尽弓藏》的创作及表演。

【教学过程】

一、教学准备阶段

首先同学们要对戏剧一般知识有所了解。比如说剧本的基本形式特征、剧本语言的动作性、剧本表演的要素，等等。

同学们要提前查找好资料。比如有关吴越之战、夫差、勾践、西施、范蠡、文种、伯嚭、伍子胥等的资料。

然后全班同学分成几个小组，围坐在几张"咖啡桌"旁，推选出桌长。

每张"咖啡桌"可以有些不同的小摆设，但每张桌子上一定要有一张大白纸，可以让"咖啡桌"上的讨论者们把讨论结果记录在上面。

二、咖啡屋教学实施阶段

（一）第一次咖啡屋戏剧教学

第一次的《鸟尽弓藏》咖啡屋戏剧教学主要探讨剧本创作。这个剧本的主要故事情节和主题都和"飞鸟尽，良弓藏；狡兔死，走狗烹"这句话有关。因此同学们第一个要讨论的就是，为了表现戏剧冲突，我们要选取哪些人物，删除哪些人物。确定了戏剧的人物，其次就要讨论用哪些戏剧情节来展现戏剧冲突。接下来同学们要对人物的性格进行深入分析，以确定这个人物在某种特定的环境下会有怎样的反应，会说出什么样的话。最后，就是怎样把想到的故事情节通过戏剧人物的"口"表现出来。

第一轮讨论，同学们在自己本组的"咖啡桌"进行充分的探讨，并把大家的讨论结果以思维导图的方式写在桌面铺的大白纸上。第二轮，桌长留在原位，其他同学流动到其他"咖啡桌"，去看别人的讨论结果，并提出自己的建设性意见。第三轮，流动到外面的同学再次回到自己最初的"咖啡桌"，带着从"外面"获得的启示,对本桌构思的剧本创作大纲再进行充分的讨论和补充。

经过三轮的讨论,最后各"咖啡桌"成员集体向全班展示他们的研究结果。由于最终各桌的讨论结果集合了很多同学的智慧,所以各个小组的小剧本基本都有了雏形。因为最终历史人物的取舍不同、对人物性格的解读不同、对故事情节发展的虚构不同,各个"咖啡桌"最后的小剧本创作也都显示了自己的独特性。

比如说,关于西施的结局问题。有的"咖啡桌"觉得,既然越王勾践复仇成功后会除掉功臣,那么作为灭吴最大的功臣,见证了越王所有的屈辱史的西施,理当被除去。也有的"咖啡桌"认为,范蠡既然如此明智,能功成身退,那么他必然也会带着心爱的西施归隐五湖。

(二)第二次咖啡屋戏剧教学

在各张"咖啡桌"创作了小剧本《鸟尽弓藏》后,第二次的咖啡屋戏剧教学主要研究剧本人物解读和戏剧表演。

第一轮讨论还是在自己本桌进行。组员们对剧中人物性格和他的身份地位等进行简单分析,接下来依据自己的兴趣和其他表演方面的条件来选择角色,进行本桌的剧本表演。演习熟练后,每张桌子轮流上台展示。

第二轮除了桌长之外其他同学可以流动到其他"咖啡桌",去欣赏其他"咖啡桌"的剧本,也可以尝试其中的角色。

第三轮,由所有人投票选出"最佳剧本"。同时,这个剧本所在桌子的桌长可以根据前来交流的人员情况,跨组选出他认为最合适的演员把这个剧本表演出来给大家看。

如果剧本创作和戏剧表演的展示时间不够,还可以适当的增多几个课时。

三、课堂总结

通过几次戏剧咖啡屋,同学们创造出了《鸟尽弓藏》的小剧本,也进行了表演尝试。

【教学反思】

这几节戏剧咖啡屋课,采取咖啡屋的教学模式来进行,同学们表现出了极大的创作热情。从资料的搜集整理,最后故事和人物的取舍,到人物形象塑造、对故事发展的创造性虚构，处处都展示了同学们在集体讨论中的巨大收获。最后的戏剧表演咖啡屋，更是给同学们提供了一个展示多元自我的舞台。可见，戏剧咖啡屋的教学模式，对于初中生戏剧创作与表演有着不可估量的重要作用。

第四节 小说咖啡屋案例

红楼梦[①]

【内容分析】

《红楼梦》咖啡屋教学设计是为八年级的学生准备小说深度阅读的课程。

《红楼梦》，清代作家曹雪芹所著中国古代章回体长篇小说，中国古典四大名著之一。小说以贾、史、王、薛四大家族的兴衰为背景，以贾宝玉与林黛玉、薛宝钗的爱情婚姻悲剧为主线，描绘了一批美好的女子日常闺阁生活，展现了这些女孩独特的个性美，可以说是一部从各个角度展现中国古代社会生活的史诗性著作。

【学情分析】

学生们升入初中之前阅读的长篇小说作品较少。很多学生阅读的一般是类似沈石溪的动物小说或外国儿童文学等比较浅显易懂的作品。即使有人读过一些中国古典长篇小说或外国长篇小说，也多半是青少年删减改编版。

我国长篇古典文学名著《红楼梦》，初中学生看过的比较少，看得懂的更少。《红楼梦》叙述语言与现代口语有一定差异，小说出场人物较多，当时的社会生活，学生理解起来有一定难度，这就使得教师指导同学们真正静下心来去阅读《红楼梦》变成了一项艰巨的任务。

---

① 本案例由广州市第八十六中学刘玉莲老师提供。

咖啡屋的小说深度阅读教学模式，给同学们提供了一个了解《红楼梦》、读懂《红楼梦》、研究《红楼梦》的平台。

【教学目标】

一、了解《红楼梦》的主要故事情节、主要人物性格等。

二、能对《红楼梦》的某些方面进行比较深入的讨论。

【教学重难点】

从小处切入，对《红楼梦》某些方面进行深度研讨，最终形成一篇专题研究的小论文。

【教学过程】

一、教学准备阶段

在学生自己阅读《红楼梦》之前，老师先播放1987年版的电视剧《黛玉进贾府》的片段，进行简单的主要人物介绍，对贾、王、史、薛四家特别是贾府进行介绍，带领同学们依据目录，看每一回的主要故事。接下来，同学们自己阅读原著，遇到不懂的地方或不太感兴趣的地方先跳过去，这样囫囵先看一遍。每周抽取一组同学简单汇报一下阶段性的阅读心得。其他组可以提问或补充。听了别人的阅读心得后，同学们可以依据兴趣回看、细读小说的某些部分。

提前布置好六张桌子，桌子上可以有一些温馨的小摆设。桌面上铺一张大白纸，可供讨论的同学们画思维导图或写下某些关键词。

班上的同学分成六组，围坐在六张"咖啡桌"前。

二、《红楼梦》咖啡屋教学针对小说本体的讨论阶段

在所有同学都阅读过《红楼梦》一两遍后，我们就开始了《红楼梦》深度阅读的咖啡屋教学流程。

第一轮讨论，桌长组织本桌同学对《红楼梦》阅读中最感兴趣的话题进行探讨，并把讨论结果以思维导图的形式写在桌面的大白纸上。第二轮讨论，各桌桌长留在原桌，其他组员可以流动到其他桌子，在看了别人"咖啡桌"讨论的结果后，找出自己感兴趣的话题进行新一轮的讨论。第三轮，流动出去的各桌成员回到原来的"咖啡桌"，再次进行讨论，丰富本桌要进行汇报的内容。

三、《红楼梦》咖啡屋教学针对小说本体的讨论结果汇报

经过三轮的讨论，我们发现，最终各张"咖啡桌"讨论的焦点都集中在四个方面：《红楼梦》这本小说的故事内容，小说要表现的主题，小说塑造的人物形象，以及作者曹雪芹创作小说的手法。

四、《红楼梦》咖啡屋教学第二次讨论阶段

第二次《红楼梦》咖啡屋深度阅读教学。我们设计为从小处切入，以某一个点去带动同学们对《红楼梦》的深度理解。这个时候各张"咖啡桌"选择了不同的讨论主题。经过组内讨论，六张"咖啡桌"最终定下的主题分别是：从大观园居室的选择看红楼人物的性格；红楼人物着装的色彩文化；林黛玉的语言艺术；红楼诗词与小说人物的个性；从红楼媳妇看当时社会已婚妇女的地位；林黛玉与史湘云的比较研究。

第二次红楼咖啡屋的流程与第一次是一样的。第一轮每张"咖啡桌"先讨论自己的问题，画出思维导图。第二轮，除桌长外的其他组员流动到自己感兴趣的咖啡桌参与讨论。第三轮，所有人回到自己初始的"咖啡桌"，依据流动过来的其他组成员补充过的思维导图，再次进行充分讨论，并最终形成本张"咖啡桌"的小论文的大纲。

五、《红楼梦》咖啡屋深度阅读教学第二次讨论结果展示

我们以第二个议题"红楼人物着装的色彩文化"为例，第二张"咖啡桌"最终形成了这样一张非常简单的小论文大纲：

1. 翻阅《红楼梦》全书，找出所有主要人物服装颜色的描写。

2. 制作表格，对人物服装颜色做一个统计。例如：

颜色 人物	红	黄	绿	蓝	白	……
贾宝玉						
王熙凤						
薛宝钗						
……						

3. 选择出现频率最高的几个颜色进行分析研究
4. 得出结论

最后，同学们经过大量的统计工作，完成了这篇小论文。现将同学们的统计表收录于下：

《红楼梦》前八十回中主要人物服装颜色一览表

颜色 人物	红	黄	绿	蓝	白	紫
贾宝玉	大红、银红、荔色	二色金、松花、秋香色	绿、油绿	石青		藕合、茄色
王熙凤	大红、桃红		豆绿、翡翠	石青、青	白、月白	
贾母				青		
李纨				青		
贾元春		黄				
薛宝钗	大红	蜜合色、葱黄		莲青		
林黛玉	大红			青金闪绿		
史湘云	水红	秋香色				
鸳鸯	水红		水绿	青	白	藕合
袭人	银红、桃红		葱绿	青	白	
晴雯	红		葱绿			
芳官	海棠红、水红		柳绿		玉色	
尤二姐	大红					
尤三姐	大红		葱绿、绿			
香菱	石榴红					

同学们对于《红楼梦》中穿红色衣裳的人物进行解读后发现，贾宝玉有"爱红"的毛病，他的服装很多也是红色。而中国传统文化中喜欢用"红妆"

"红颜""红袖"代指女儿,那么贾宝玉爱穿红色衣裳,是不是也在暗示他欣赏一切美好的女子?冬天下雪时小姐们喜欢穿大红羽纱、大红猩猩毡的斗篷,如雪地里盛放的红梅一般,那自然又多一层审美意味了。另外,我国民间传统是男子的正室才能着大红色,妾室只能穿银红、桃红等。我们会发现《红楼梦》中宝玉以及小姐奶奶们的确偏爱大红色。丫鬟妾室穿红色时,多是内衣或贴身小袄。在丫鬟妾室的正装中,的确没见到大红色。出身戏子的芳官穿红,是突出她的娇俏;尤二姐、尤三姐这两个人在男子们面前露出的红色内衣,自然就多了几分魅惑的含义了。

【教学反思】

《红楼梦》深度阅读课,采取咖啡屋的教学模式来进行,同学们经过充分讨论,对小说的主要故事、主要人物、社会背景、创作技巧等本体知识有了更深入的理解。还可以对《红楼梦》进行更细、更深的学术挖掘。这种汇集众人智慧的教学模式非常适合初中小说深度阅读的课堂。

西游记 [①]

【学情分析】

《西游记》是七年级学生的必读书目,唐僧师徒四人西天取经的故事在中国脍炙人口,他们的执着、不畏艰难的精神鼓舞了一代又一代中国人。这部小说还充满着神奇的色彩,对于初一的学生来说,是很有吸引力的。尤其是孙悟空神通广大,上天入地无所不能,让人心生向往。孙悟空的本领不是天生的,他也是经历了刻苦学习才学会的。书中的孙悟空在不断成长,这跟他不断追求自我价值的实现有很大关系,希望学生能从这个人物身上汲取更多的成长养分。学生会更喜欢大闹天宫时无拘无束的孙悟空,对后来成为斗战胜佛的悟空不一定会很认同。引导学生认识孙悟空成长的社会化过程也很重要,应该让学生明白,没有人能有绝对的自由,自由肯定是有边界的,孙悟空成佛后头上的金箍消失了,那是因为

[①] 本案例由广州市番禺区洛溪新城中学熊幸老师提供。

他已经可以约束自己了，达到了"随心所欲不逾矩"的境界。这点是青春期的学生要理解要明白的。大闹天宫的孙悟空是学生现在的状态，修炼成佛的孙悟空则是学生成长的方向，如果能跟经典中的人物互为印证，学生的成长之路是不是可以走得更好呢？

【教学过程】

一、导入

回顾上节课讨论的"孙悟空成长的关键节点"，引出本节课的探讨主题"我的成长谁做主"。

明确：孙悟空成长的关键节点——拜师学艺、被压五行山、西天取经、修成正果。

二、探讨孙悟空的成长因素

学生在素描本上画"影响孙悟空成长的主要因素"的思维导图，交流小组选定了一位同学的作模板修改，课后在素描纸上画好自己小组的思维导图。以下是抽查的三个交流小组的情况。

第一小组：

选中的模板：

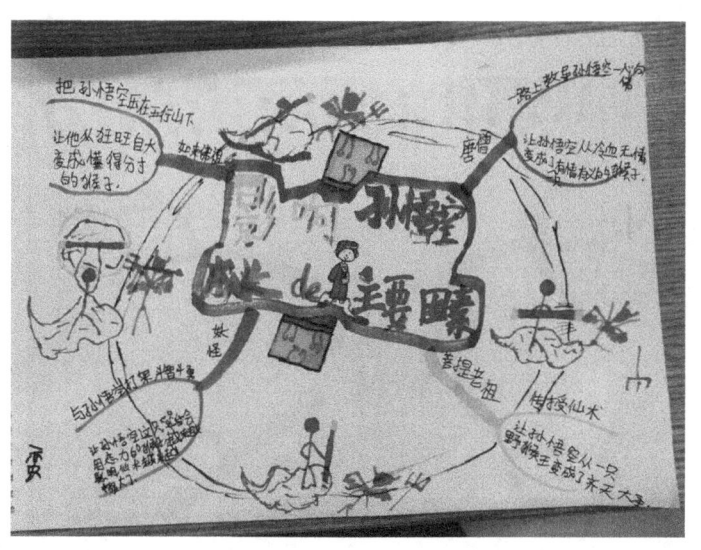

修改后的思维导图：

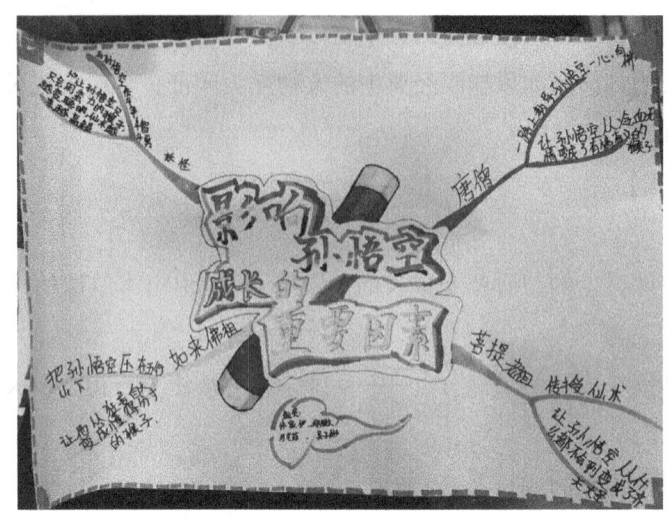

点评：选作模板的思维导图。我们看到画面有点复杂，分支分别是唐僧、菩提老祖、妖怪和如来佛祖。我们再看一下他们组经过处理后的图，画面清晰了很多，分支没有变，依然是这四个，但是有两个分支的位置变了，如来佛祖放到了妖怪的前面，更有条理，前三个是孙悟空的队友，最后一个则是孙悟空的对手。

第二个小组：

选中的模板：

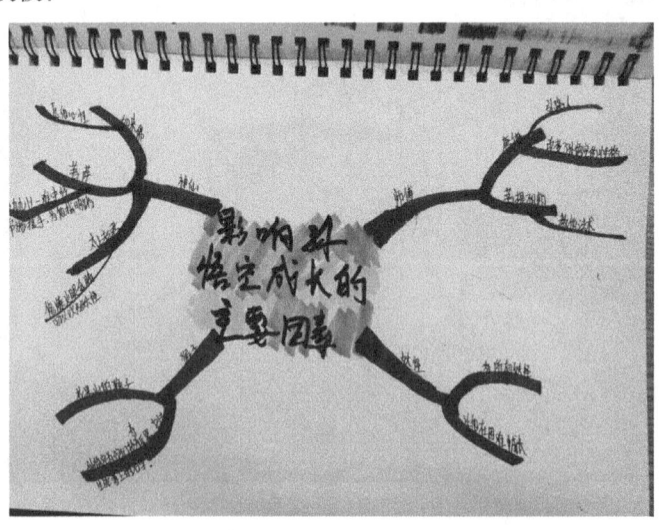

修改后的思维导图：

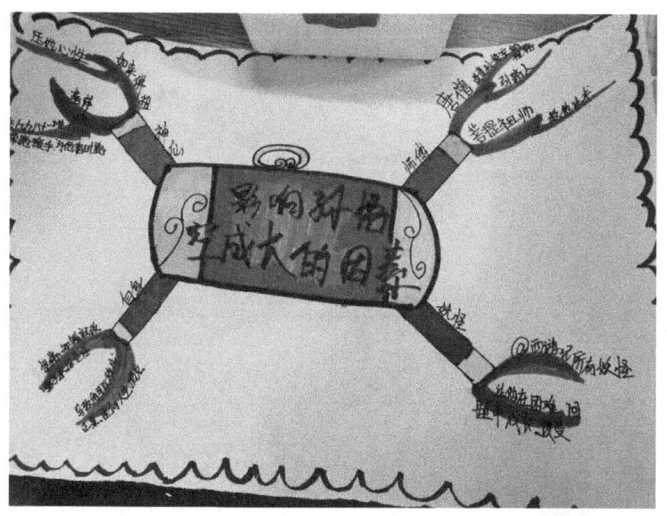

点评：原来的分支是师傅、妖怪、自身、神仙。他们换了一个分支，把"猴子"换成了"自身"，前面的猴子指的是花果山的猴子，自身指的是孙悟空自己将猴子换成了自身，在孙悟空的成长中，自身更重要。这样换确实更好了，而且他们的图改得更醒目了，用了金箍棒的颜色。

第三小组：

选中的模板：

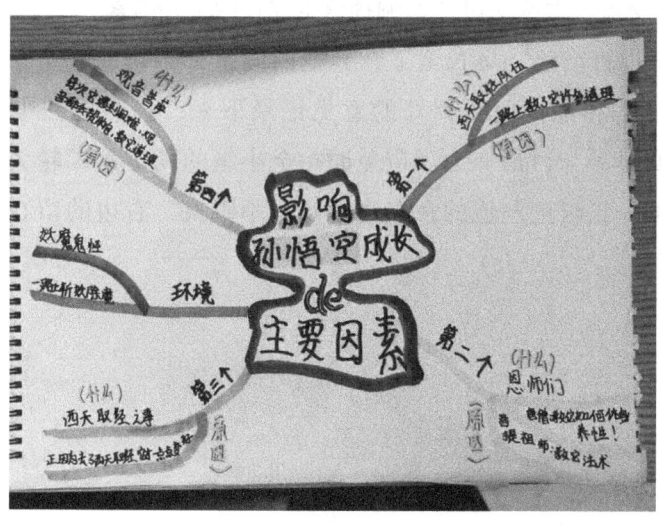

修改后的思维导图：

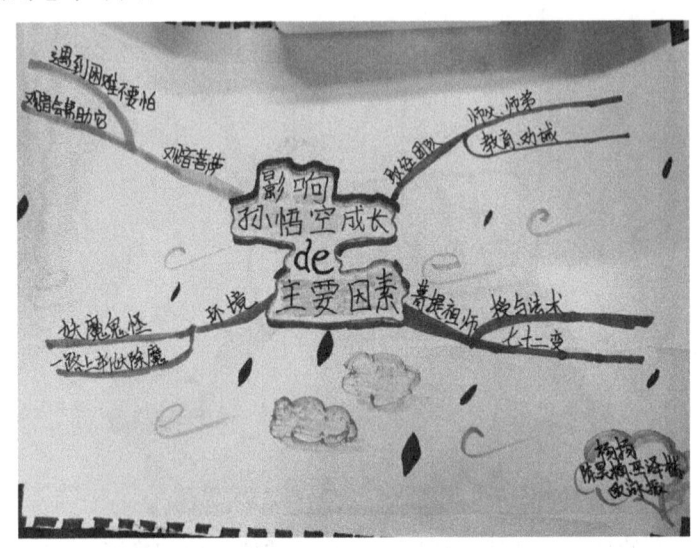

点评：这个组的模板分支是第一个、第二个、第三个、第四个，分别描写了什么内容。他们组讨论后修改的版本：取经队伍、菩提祖师、环境、观音菩萨。他们精选了一个菩提祖师，"取经之事"换成了"环境"。

总结：我们可以看到，我们的组内交流都有收获。但是我们一个小组只有四个人，有点少，人多力量才更大，准备进入组外交流。

三、组外交流，继续探讨"影响孙悟空成长的主要因素"

我们全班进行交流。桌长留下，其他的同学都到别的小组参与讨论。带上我们的素描本和笔，把听到好的意见记录下来，我们现在也是在取经路上，到时候回组参与讨论。为了避免同一个小组的同学第二轮去到了同一个小组，我们第一轮讨论左边的在左边的几个小组换，右边的留在右边的几个小组换。

第六章 咖啡屋语文教学具体案例

人到齐后桌长可以开始向新的成员讲解本组的讨论结果。讲解完后大家给意见，各自做好记录。

教师巡视，了解各组的讨论情况，参与个别组的讨论。

第二轮换组，左边和右边交换。继续第二轮讨论，桌长向新成员交接本组的讨论结果，各成员也根据自己组的讨论谈看法，各自补充记录新收获。

取经归来，请小组各成员交流自己的新收获，讨论完善本组的思维导图。补充的部分建议用黑色笔以示区分，因为我们之前的分支都是用彩色笔画的。如果要对新收获求证的话，可以翻开书本找相关的章节。

四、展示完善的思维导图

第一小组：

| 深度汇谈　智慧分享——世界咖啡屋教学实践指导 |

学生观点整合：影响孙悟空成长的主要因素第一个是唐僧，因为唐僧从五行山拯救了孙悟空，带他一起西天取经，一路上对他进行教诲，使孙悟空的性格得到改变。其次是菩提祖师。因为菩提祖师教会了他七十二变等高级的法术，为后面的发展做了铺垫。还有一个主要因素是紧箍咒，它约束了孙悟空不敢乱来，不会随便杀生。最后一个因素是磨难，有同学可能会说，磨难到底指哪一难，这里我们没有指出哪一难，因为每一难对孙悟空来说都非常重要。因为这些磨难让孙悟空修养身心，让他在每一次挑战中，感觉到自己的不足，使他愈战愈勇，越来越厉害，最终取得真经，修成正果。

第二小组：

学生观点整合：主要的因素是取经团队，这个团队有他的师父师弟，因为有团队的教育和劝诫，孙悟空才会变得那么机智和勇敢。其中的一个主要因素就是菩提祖师。因为菩提祖师是他的第一个师父，教会他七十二变、筋斗云等法术，为他后面斩妖除魔打下了基础。环境除了衣食住行，还有一路上遇到的妖魔鬼怪，孙悟空一路斩妖除魔，他的心性也一直在改变。

师评：两个小组都不错，重合的不多，这里面也有表述不一样，内容差不多的。第一组的"磨难"和第二组的"环境"，同样都讲到妖魔鬼怪带来的考验，可以说是英雄所见略同了。

第三小组：

学生观点整合：在刚才两个小组的基础上有补充的是，取经团队中，唐僧改变了孙悟空的性格，是孙悟空的引路人。猪八戒和沙悟净协助孙悟空，让他懂得团结。还有妖怪。孙悟空结拜兄弟牛魔王和铁扇公主生下了红孩儿，在取经路上，红孩儿抓住了他的师父。这一家是所有妖怪中出现频率比较高的，他们对孙悟空来说有着不同的关系，不单单是敌人。而且他们给孙悟空带来的困难也比较大。还有水帘洞。因为有水帘洞的猴群，孙悟空才有使命感，为了那些猴子出去闯荡。还有自身，因为孙悟空本身性格就是知错就改，勇于承担责任，这让他可以在最后修成正果。神仙方面如来佛祖把孙悟空压在五行山 500 年，把他的骄傲狂妄的心性也压没了；菩萨赠送他师傅紧箍咒，让他不敢违抗师傅，在取经途中还经常帮助他；太上老君助他炼成了火眼金睛，让他可以识别妖怪。

第四小组：

学生观点整合：我们组补充的是东海龙王，因为他赠送了孙悟空很厉害的兵器。孙悟空自身就是一个很重要的成长因素，因为他修养身心，最后成了斗战胜佛。

师评：我们一共有四个小组展示了自己的成果，我们感谢这些小组把他们的思考带给我们。其实这四个小组也把孙悟空成长的主要因素都讲得差不多了。我们一起来归纳一下，同学们认为在刚才同学们所说的因素里面哪些最重要。

五、师生一起归纳"影响孙悟空成长的主要因素"，探讨这些因素对个人成长的意义

师生共同讨论，师板书主干。

师归纳：主干我板书出来了，黑板太小，分支无法一一呈现，老师提前用幕布做了一个思维导图，大家一起看一下。

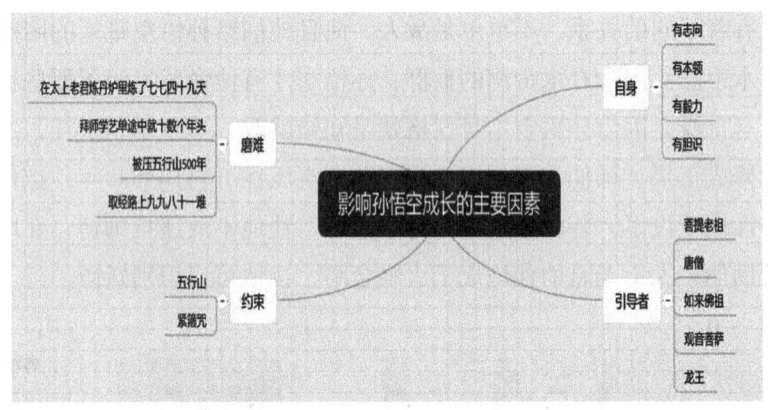

自身有志向、有本领、有毅力、有胆识；引导者有菩提老祖、唐僧，他们是师傅；还有如来佛祖、观音菩萨、龙王等外部因素的影响。龙王刚才大家没有提到引导者的身份，这里特别说一下，在孙悟空第一次抛下师傅回花果山的时候，就是龙王把他劝回去的。龙王指出孙悟空不保唐僧西天取经的话，只能是妖仙，无法修成正果。约束有五行山和紧箍咒。磨难有在太上老君炼丹炉里炼了七七四十九天、拜师学艺单途中就有十数个年头、被压五行山500年、取经路上九九八

十一难等。

师问：这里面哪个因素是由始至终处于主导地位的？

生答：自身。只有自己才能改变自己。

师归纳：孙悟空的成长过程其实就是孙悟空自我价值实现的过程，他一开始要实现的是自尊和自由，所以大闹天宫，要"齐天大圣"这个名号，后来西天取经，成为斗战胜佛。这都体现了他对自尊的追求。然后我们看"自由"，一开始他是任性妄为的自由，后来是有边界的自由。

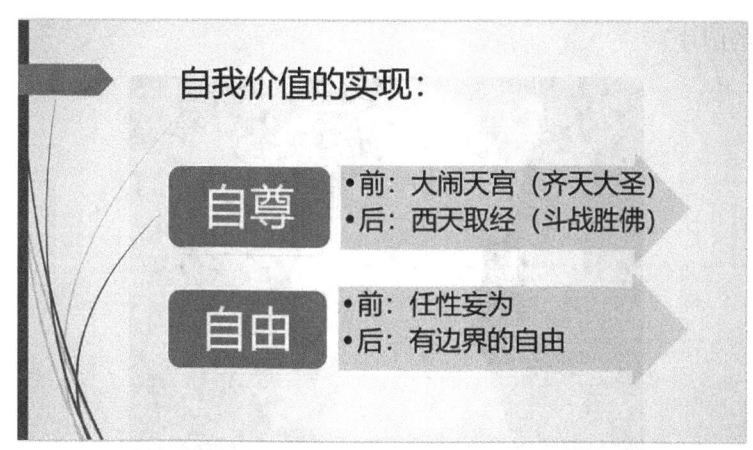

孙悟空成佛之后，紧箍消失了，这是因为他已经有自我约束的能力了。这种状态正如孔子说的"从心所欲，不逾矩"。

《哪吒之魔童降世》里哪吒说：我命由我不由天。可见对于一个人的成长，自我意识是多么的重要。它也让经历的磨难变成了自己成长的助力。正如尼采说的："凡杀不死我的，必使我更强大。"

六、关照自我，从孙悟空的成长联系自身的成长，思考：我的成长谁做主？

师问：现在我们结合自身来说一下：我的成长谁做主？

生答：我的成长我做主。一个人不可能一辈子都由别人来操控自己的生活，应该由自己来操控自己的生活。

师生边讨论边明确：大闹天宫的时候，孙悟空就是想怎么样就怎么样，这时候天上所有的神仙都是他的对手。到西天取经的时候，所有的神仙都成为他们的队友。这些队友就是他的助力,甚至引领者。在同学们的成长中,父母、老师、朋友、长辈等就是引领者。

师问:那现在有没有一种感觉:家长老管着我,老师老管着我,好烦啊!

生齐答:有。

师引导:感觉自己的事情自己做不了主,为什么会有这种感觉?因为你们的方向错了,如果你们都是往西天取经,这些人都会成为你的助力。所以,方向对了,我们的成长会由我们做主。除此之外,我们还要有吃苦的勇气。(PPT 显示一幅雕塑的图片)

这是广州雕塑公园的一尊雕塑,名字叫"自我完善",是非常著名的雕塑家潘鹤先生的作品。它的下半身是一块石头,上半身是一位非常美丽的女子的形象。她正在一手拿着凿子,一手拿着锤子在雕琢自己。

师：大家看到这个雕塑有什么感受？

生：痛。

师：确实很痛。如果你天天舒舒服服地看电视玩游戏，不痛，但你始终都是一块——

生：石头。

师：孙悟空从哪里出来的？

生：石头里。

师：他一出来有没有成为斗战胜佛？

生：没有。

师：他都是这样经过自己一点一点的雕琢才成佛的。所以，我们要自己做主，就要有正确的人生方向，要敢于吃苦。请读一遍我们的小结——

生（齐读）：成长是一个不断雕琢自我的过程，我们要相信，只要目标正确，坚持不懈，克服重重磨难，终会修成正果。

师：希望我们所有的同学将我们老师和家长对你们的期望变成你的助力，修成你们的正果。

【教学反思】

《西游记》是一部成长小说，取经前的孙悟空就像青春期的学生们，自然人的特性占了上风。那么他是如何成长为"斗战胜佛"的？这一点，值得学生去探讨去感悟，为此我们设计了这节公开课"我的成长谁做主"。学生通过讨论，归纳出孙悟空成长的关键节点——拜师学艺、被压五行山、西天取经、修成正果。这也提醒了学生，他们现在正处于学习提升自己的阶段，自己要把握好这个成长的关键节点。"我的成长谁做主"首先从"影响孙悟空成长的主要因素"的思维导图开始，学生们把自己的思考画成思维导图，再小组交流整合意见，这些都是课前完成。课堂从展示小组的交流成果开始，再全班交流探讨，形成共识，归纳出影响孙悟空成长的主要因素，发现自我才是最主要的因素。观照自身，让学生明白，我的成长我做主。同时让学生明白，父母老师并非成长的阻力，而是

| 深度汇谈　智慧分享——世界咖啡屋教学实践指导 |

助力,自己要转换思考的角度。

如果说思维导图是帮助学生根据主题整合书中内容的重要工具的话,世界咖啡屋交互式汇谈法就是我们这次名著阅读探讨的重要手段。我们一共 11 个四人小组,这次走了两轮,每个小组桌长留下,其他三位成员去到别的组交流,一共去到了六个小组,加上桌长接待了六位新的成员,大半个班的意见就汇集在一起了。如果时间充裕的话,走三轮,那几乎整个班的意见都可以汇集起来了。我们在上公开课前,已经有意识地将这种交流的方法运用于平时的课堂,收效比一般的小组讨论要好,交流更充分。

总之,用思维导图整合信息,用世界咖啡屋交互式汇谈法组织讨论,能有效地助力整本书阅读。找出名著中人物与学生成长的契合点,让名著指引学生的成长,让名著与学生生命同频共振,是名著阅读的最大意义所在。

草船借箭 [①]

【教学背景】

诸葛亮"草船借箭"的故事是孙权、刘备联合抗曹的时候发生的。诸葛亮是文中着力赞美的人物,周瑜称其"神机妙算"。从本课内容来看,诸葛亮的"神机妙算"主要表现为两个方面:一是对周瑜的险恶用心了然于胸,二是对借箭的通盘考虑和周到安排。引导学生领悟诸葛亮"神机妙算"是本课教学重点。学生对小组合作学习这一种形式是熟知的,但是本节课教学是在运用更优越于小组合作学习的教学模式,将世界咖啡屋讨论学习模式引入小学语文课堂小说类的课堂教学中。本班学生对这种学习模式还是第一次接触,因此课堂教学如何在实施中,运用世界咖啡屋创设多感观、多渠道的生与生之间的深度交流,让这节课堂教学效果更高效,是本节课的创新之处。

---

① 本案例由广州市番禺区市桥实验小学赖燕琼老师提供。

【教学目标】

（1）认识10个生字。能正确读写"妒忌、都督迟延、幔子"等词语。

（2）正确、流利、有感情地朗读课文，理解课文内容，体会诸葛亮的神机妙算。

（3）梳理文章结构，品词析句，感悟作者的叙述特点和刻画人物的方法。

【教学重难点】

研读文本，从草船借箭这件具体事情，体会诸葛亮的神机妙算。

【教学过程】

教学课时为第二课时。

一、回顾前文，激情导入

师：上一节课，我们知道了周瑜想陷害诸葛亮，哪一段讲了他的陷害过程。他的陷害成功了吗？这节课我们就来继续深入地研读这一个智慧的故事吧！

板书课题《草船借箭》

二、创意读文，分析品味

（1）出示第二段中诸葛亮和周瑜前两句加上提示语的对话。

（2）小练笔：在第二段中给诸葛亮和周瑜的对话前加上动作表情等的提示语，再分角色朗读，体会一下周瑜、诸葛亮这两个人物的形象。

（3）咖啡屋时间：神机妙算是什么意思，诸葛亮的神机妙算表现在哪里？

本小组内思考诸葛亮的神机妙算表现在哪里？在书上做批注

小组内交流，一同绘画思维导图，用图表式展示诸葛亮的神机妙算表现在哪里？

小组长留在原组，其他小组成员就分散流动到其他小组去，了解其他小组的讨论情况，参与其他小组的讨论，分享并收集各小组的观点。

流动的同学各自回到自己小组，再次分享自己所收集的观点，完善自己小组的思维导图。

（4）小组用思维导图的形式在班上汇报诸葛亮的神机妙算表现在哪里？

（5）其他小组继续做补充。

以下内容根据小组的汇报回答随机板书：

知天文——分析相关句子。

懂地理——分析相关句子。

识人心——知鲁肃、知曹操、知周瑜。

分角色指导朗读相关句子。

（6）看草船借箭视频：感受借箭现场那箭飞如雨的震撼场景，进一步体会诸葛亮的神机妙算。

（7）教师小结：是啊！诸葛亮早在立军令状前已经想好了整个草船借箭的计划，他想得是那么周到，那么细致，那么准确，你说诸葛亮神不神？妙不妙？难怪周瑜在最后长叹一声说：既生瑜，何生亮？

三、概括总结，教给写法

出示学习方法：这篇文章四个人物的形象都非常鲜明，我们通过抓住人物的语言，揣摩人物的内心，从而感受到人物的形象的方法来学习了这篇课文。

四、升华情感，拓展读书

布置作业：不同的历史人物，演绎着不同的历史故事，一段故事，一座丰碑。《三国演义》这本书中还有许多精彩绝伦的故事，同学们可以继续阅读名著《三国演义》自己去发现。

五、板书设计

草船借箭

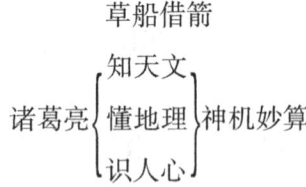

| 第六章 咖啡屋语文教学具体案例 |

六、学生部分成果展示

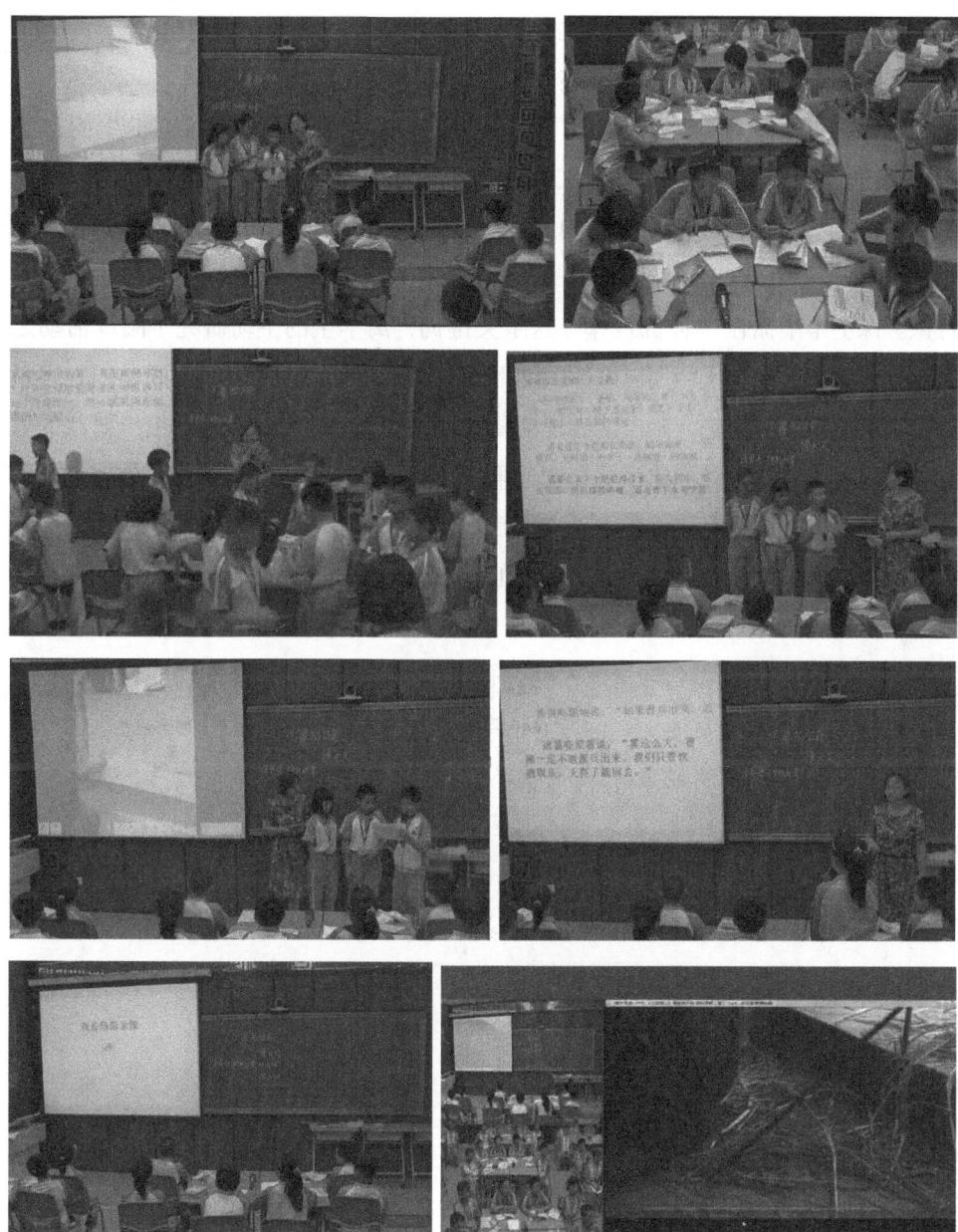

【教学反思】

《草船借箭》是根据我国著名古典小说《三国演义》中"草船借箭"的故事改写的，情节曲折，引人入胜。整个故事赞扬了诸葛亮的神机妙算。

本课在教学中创新性地采用了"世界咖啡屋"的形式，以培养学生的自主阅读、自主感悟、合作探究的语文综合素养，让学生抓住主要问题。通过适时、适度地巧问妙点，使学生对课文内容的理解更透彻，对人物形象的把握更准确。

本节课教师用"世界咖啡屋"的学习方式强化学生在学习过程中的主体参与意识。课上牢牢抓住"神机妙算"这个关键词，寓学生的主动研究于阅读活动之中。在学习中，让孩子们用思维导图的形式，画出小组讨论的成果。同学们在组长的带领下积极开展讨论，画出能表现诸葛亮神机妙算的地方。有的小组以树状的思维导图，在第一分权处列出诸葛亮知道第三天有雾，懂天文知识，第二分权处是预测出回来时的水流，是顺风顺水，也就是知道地理。有的小组则分析出，诸葛亮知道曹操、鲁肃、周瑜的性格特征，根据他们三人的特征制成思维导图，从而更深刻地感悟人物的形象。

通过这样一种有创新的交流互动，孩子们对于诸葛亮的神机妙算表现在什么地方？可以说是无师自通了。同时，同学们对于诸葛亮这个鲜明的人物，也分析得透透彻彻，学习效果显著。

第五节　作文咖啡屋案例

丢[①]

【内容分析】

作文《丢》是为八年级的学生准备的一堂命题作文写作课。《丢》只有一个

[①] 本案例由广州市第八十六中学刘玉莲老师提供。

字，因此更需要学生去细细分析解读。

【学情分析】

写作文一贯是让初中生比较头疼的问题。很多学生看到题目，不知道应该写些什么，更不知该如何去写。其实，初中写作只要能抓住事物的特征，表达自己对自然、社会、人生的感受、体验和思考就可以了。

我们的作文教学，要注重训练学生在写作过程中搜集素材、构思立意，从而提高写作的能力。

【教学目标】

一、深入挖掘作文题目的内涵，确定写作对象。

二、挖掘素材，明确文章的主题立意。

三、构思作文大纲，恰当选择写作技巧。

【教学重难点】

运用咖啡屋教学模式，让同学们在多轮讨论中明确自己写作的主题，选择能表现主题的素材，列出作文的写作大纲。

【教学过程】

一、教学准备阶段

提前布置好六张桌子，桌子上可以有一些温馨的小摆设。桌面上有大张的白纸，同学们可以用彩笔写字或涂鸦，也有便利贴。同学们可以把自己的观点写在便利贴上，直接贴到本桌的讨论纸张上。

班上的同学分成六组，围坐在六张"咖啡桌"前。

二、作文《丢》咖啡屋中心议题的确立

关于作文《丢》，同学们经过独立研究以及老师的指导，确定探讨的议题是以下几个：丢的含义是什么？丢的主体是什么，也就是"谁丢"？丢了什么？我从"丢"中悟到了什么道理？我们可以运用哪些小的写作技巧？

三、咖啡屋作文教学讨论阶段

第一轮讨论，同学们在本组进行充分探讨，并把大家的讨论结果以思维导图的方式写在桌面铺的大白纸上。第二轮讨论，除了本桌的桌长之外，其他同学还可以流动到其他"咖啡桌",去看其他桌子的讨论结果,并提出自己的建议。这些建议被桌长作为有益的补充添到自己的汇报结果中去。第三轮讨论,流动到外面的同学再次回到自己最初的"咖啡桌",带着从"外面"学到的观点,对这些议题再进行充分讨论和补充。

四、咖啡屋作文教学结果展示

请各桌桌长带领自己的团队上来展示本桌的讨论结果。

经过三轮讨论,最后各咖啡桌成员集体向全班展示他们的研究结果。我们发现,最终各桌的讨论结果集合了所有同学的智慧,思维非常清晰:

一、丢的涵义:1. 遗失、失去。2. 扔。3. 搁置,放。
二、丢的主体(谁丢):"我"、他人、社会
三、丢了什么?

丢	丢弃、丢掉、扔 (主动的)	烦恼、压力、偏见 缺点、坏习惯、懒惰 依赖、懦弱、浮躁……	个体层面
	丢失 (被动)	物品(钱、奶奶亲手编织的手环……) 情感等精神方面的东西(亲情、友谊、童真……) 品质(勇敢、诚信、认真、善良……)	
		传统、文化	社会层面

四、你从中悟出的道理(文章主题):有些珍贵的东西丢掉了就再也找不回来。有些负面的东西丢掉了可以使人更轻快地前行。有些美好的东西不应该被丢弃。
五、我们可以运用的作文小技巧:彩线串珠式(一个或多个线索)、绿叶扶花式(详略得当)、镜头取景式(特写、细节描写)、片段组合式等等。

五、课堂总结

通过这节作文课,我们清楚了,对于某些类似《丢》这样的命题作文,我们可以从作文解题入手,把握题目内涵。接下来明确写作的主体,确定主题立意,选择合适的素材。当运用咖啡屋这种作文模式进行教学成为一种常态后,经过多次训练,同学们能够渐渐在头脑中形成一种构思机制,每一次的写作都能有

这样一份清晰的思维导图。这样一来，同学们就相当于有了很多可供选择的写作素材，再写起文章来就会得心应手。

【教学反思】

这节作文课，采取咖啡屋的教学模式来进行，同学们经过三轮充分讨论，最后各桌交上来的思维导图都有很丰富的内容。每位组员都贡献了自己的想法。每一个人都可以在这份思维导图中选择一到两个自己喜欢的题材来进行写作。

而在第二课时的写作实战中，我们发现，同学们经过了前面充分地讨论，对于自己要写的东西非常清楚，主题明确，思路清晰。而且，因为大家可选的题材很多，每个孩子都写出了自己独特的感受。

下面我们看看一些同学作文的开头：

亲情是朱自清心中父亲的背影，是孟郊慈母的手中线，是王维"独在异乡为异客，每逢佳节倍思亲"的感叹，是苏轼"但愿人长久，千里共婵娟"的祝愿，而我却在不久前丢失了一段极为珍贵的亲情。（同学1）

人生，就是一次一个人加行囊的旅行。在这个过程中，我们不断捡取着，也不断丢弃，有的人丢掉了满身负担、累赘，有的人却丢掉了穷尽一生都得不到的宝藏。（同学2）

随着时间的流逝，我丢失过很多东西：一块不起眼的橡皮，一支摔断水的笔，一把断了一截的尺子……渐渐的，我好像还丢了些什么。（同学3）

"亡羊补牢，为时未晚。"人们总说，丢了的就丢了吧，要学会珍惜眼前。但是，即使这样安慰自己，你是否也会为那些丢了的、再也寻不回的东西感到惋惜和内疚呢？

失手跌破的碗，再买一个一模一样的，它已没有以前的感觉；太阳东升西落，第二天还是那个太阳，可是流逝的时光早已一去不复返；经历过的，再经历一次，已经丢了那份新奇与未知。（同学4）

我妈妈总是骂我是个丢三落四的人。吃饭后落在餐厅的外套，看电影回来不翼而飞的水杯，野餐回来发现被我丢在公园的雨伞……这些都是因为我的粗心"丢"掉的东西。

有些东西，费一些周折还能找回来。而有一些在我还没有意识到的时候就已经悄然而逝。（同学5）

同学们的作文结尾一样精彩而有个性：

我回头看，在时间的洪流中，我丢的不正是那对生活认真的态度吗？只有认识到世界的美好，每件事情都认真对待，我们的人生才能灿烂美好。希望，我还来得及捡回这丢掉很久的美好品质。（同学6）

我渐渐丢掉了曾经最渴慕的掌声，丢掉了曾经的标签，融入集体，变成了现在的我——或许不完美，却是我想要的、真实的自己。

丢掉看似光鲜亮丽的外表，丢掉过往的虚荣，做回自己，即使不够绚烂也能有自己的芬芳。（同学7）

那天我们只是往垃圾桶里丢了一个小小的垃圾，却丢掉了一个坏习惯。丢掉了这些坏习惯，未来之路才会少了阻碍，我们才能畅快前行。（同学8）

我一直都以为，人的生老病死都是常事，世界的各种景色都是理所当然，它们围绕在我身边，我对他们太了解了，根本无须去关注、去探索。我想，我丢的就是儿时对世间千姿百态的事物的好奇，对未知事物探索的决心与行动。（同学9）

小巷中的许多人已搬进新建的摩天大楼中，忙碌的年轻人吃着方便的面包油条。但我相信，无论时代的步伐有多快这些民俗文化都不应该被人们丢弃。（同学10）

其中，有个男孩子以一只走丢的狗为主人公，写了小狗丢掉对未知的恐惧，找寻回家的路的故事，使他的作文显得别致而有风味：

（开头）今天是与主人走丢的第十七天，腹部灼烧般的饥饿感觉使我难以再前行。天色渐暗，四周的景物再一次变得模糊，恐惧渐渐支配了我的思想。

……

（结尾）坚定的信念和磨难教会我沉着冷静，终于让我丢掉了对黑暗的恐惧。丢掉恐惧，才能让我找回那条回家的路。

事实证明，咖啡屋写作教学，能有效提高同学们的写作水平。因为每一位同学在写作前都参与了大量的讨论，在讨论中他聆听了其他同学的见解，梳理了自己的思路，同时在交流中他对于写作主体的认识更加深刻，所以，绝大多数孩子都能写出带有自己独特体验的作文。因此，在写作之前，进行咖啡屋式的研讨教学，有利于学生写作水平的提高。这种咖啡屋写作教学值得提倡并推广。

附录：（部分同学优秀习作片断）

丢（邹妍）

过去的十三年就像一个本子，你做了什么，都清清楚楚地记录在上边，想忘都忘不掉。

小学四年级直至毕业，我丢掉了我的善良。

那时班上有个男同学，一次挖鼻屎时被人看见了。看见的人大肆宣扬，惹得我们对那个挖鼻屎的男生都厌恶不已。从此他的惨剧开始了。

起初我们只是见了他不打招呼，没人和他说话。渐渐地，我们对他开始了行为暴力。

记得印象最深的一次，是我对他做的事。

那天我帮老师发作业，看见了他的本子，不由得一阵恶心。便手一斜，将本子丢到地上，用脚踢了踢。班上的人一个传一个，踢了整整一个课间。快上课时同学们停止了。他起身走去本子那儿，捡起来又默默回到座位，浑身上下散发着孤寂二字。那时的我，隐约觉得自己似乎错了，但是下一秒我就想："他活该，谁叫他那么恶心的！"

这种类似的校园暴力，我们对他日复一日地做着，到了后来，我甚至认为没什么不对的：一切都不怪我们，是他的错。

前几天翻看毕业相册，忽地想起了他，还有我们对他做的事，便和当年的同学聊了聊。同学说："现在想想，好像也没有什么可嫌弃的。挖鼻屎这种事情谁没做过？只不过没有被看见说出来罢了。"

是啊，他也没做错什么。只是当时我们太幼稚，太怯懦，不懂善良。这件事，我不过几年就淡忘了。可是那个男孩子呢？他的小学生活或许是他一生的阴影，永远不会褪去黑暗的颜色。

无论怎样，我都不该丢掉善良。良言一句三冬暖，恶语伤人六月寒。你的一句话，一个行为都可能让别人一辈子记在心中。

丢（梁可欣）

当儿时的玩伴开始互相猜忌，他们便丢了信任；当一群单纯的小女孩们开始学会算计，她们便丢了单纯；当某些很努力的青年们为了利益不惜一切，他们便丢了初心。

在这个浮躁的社会中，我们不知不觉丢失了很多宝贵的东西，也因为周围环境的改变多了几分戒备之心，开始变得随波逐流，缺失了那一份生活的唯美，那一份独有的宁静。

信息化的时代下，身边的环境都潜移默化地影响着我们，因此，所有人都没有理由不去现代化，可又有谁真正思考过，在网络信息大肆冲击着我们的同时，除了应该去适应，便不能有保留吗？传统文化正在丢失，生活的仪式感正在丢失，我们也应用自己微薄的行动去留住这时间的痕迹，给自己困倦的生活保留一丝停留的空间。

慢下来，认真的感受生活，享受生活，静静地看着蝴蝶颤动翅膀，云朵飘向天边，你便会发现，生活，其实很美很美。

最美的风景 ①

【教学目标】

（1）知识与技能：能用生活中的具体人、事、景表现美；能以具体的内容写出美的人、事、景，表现美的主题。

（2）过程与方法：引导学生感受美，在交流与体会中，用生活中的人物、事物、景物表现出美的所在。

（3）情感态度价值观：能在写作的同时，从生活细微小事中感受到美的存在，从而受到美和爱的教育。

【教学重难点】

重点：能在写作的同时感受美的存在，受到良好美学教育。

难点：能用细腻的文笔写出生活中人事物的美，从而抒发对生活的热爱之情。

【教学准备】

多媒体课件

【活动对象】

小学五年级学生

【教学课时】

一课时

【教学过程】

师导语：我们生活的世界千变万化，时而鸟语花香、桃红柳绿，时而狂风暴雨、雷电交加……我们的生活多姿多彩。一束灿烂的迎春花，一片绚丽的火烧云，还有那漫天飞舞的雪花，这些都是美丽的风景；鼓励的掌声，信任的目光，父母的背影，这些也是美丽的风景。

---

① 本案例由华南师范大学附属小学祝新老师提供。

深度汇谈　智慧分享——世界咖啡屋教学实践指导

一、留心观察，及时积累

做一个生活的有心人，你会发现写作其实很简单，就是把你看到的、听到的、想到的写下来。平日里要留心身边的变化，从多角度去观察，及时记录下自己的观察所得，这样写的时候就有素材了。

二、交流积累

交流以最美的风景为话题的名言警句、歌曲、诗句等（教师将自己积累的投影出来让学生摘抄），讲述自己认为的最美的风景（可以是自然风景，也可以是感人的事迹）。同学们先在小组内讲，每位同学轮流分享。

三、写作指导

（一）咖啡屋模式合理选材，拓宽思路

写这类文章，首先要注意材料的选择。可以写自然界里自己亲身看到的美丽的风景，也可以从某一事件展开叙述，可以通过就近联想相类似的其他事件，用其他事件的细节丰富完善作文的内容，强化文章的表现力。注意选材的依据就是自己认为最熟悉的，最有把握的，最有话可写的，较新颖的。

首先把全班学生分组，以4人小组为单位，每组选出一位能力较强的学生作为组长，然后各自构思，画思维导图并交流。

离开第一小组，自由走动，找到新的小组，与新组员进行交流，受到启发后，修改自己的思维导图。

最后回到自己的小组，进行再一次修改，确定写作思路。要讲究结构的安排。

（二）拟定题目

作文题目其实好比人的衣裳，就像报纸的标题一样，往往起到抢眼的作用。有人说好的标题等于一篇文章成功了一半，因此，在构思文章的时候，把精力多用一点在题目上是十分关键和重要的。

（三）明确中心，注意细节描写

中心要明确，细节描写要生动，要善于发现并细致描绘最能体现"最美的风景"的内容。

（四）动笔创作

和睦相处的邻里是风景，安逸温馨的家庭是风景，积极进取的学校是风景，团结合作的集体是风景，勤奋学习、爱岗敬业、拾金不昧……这些都是美丽的风景。同学们，你眼中最美丽的风景是什么呢？请以"最美的风景"为题，写一篇作文。

要求：思路开阔，题材新颖，内容丰富，字数不少于400字。

四、咖啡屋模式交流修改

写作完毕后，小组内组员轮流读作文，组员互相修改。

组长不动，组员随意走动，重新组成新组，要求大家在新的小组内再轮流读习作，其他同学要仔细听，提出修改建议后组内互相再修改。

指定三到四名学生作为小组代表上台读自己写的习作。在此之前，教师提出要求：读习作的同学声音要洪亮；其他同学注意听，并且提出建议修改。

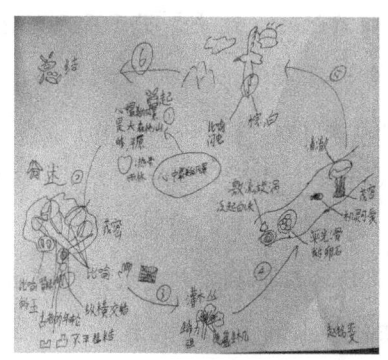
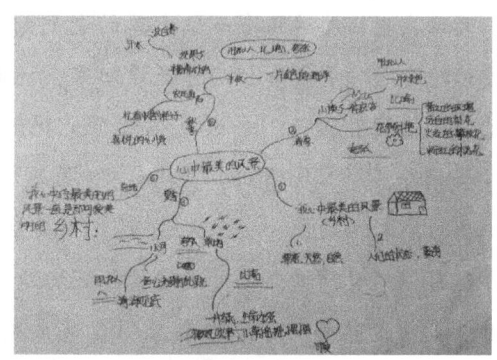
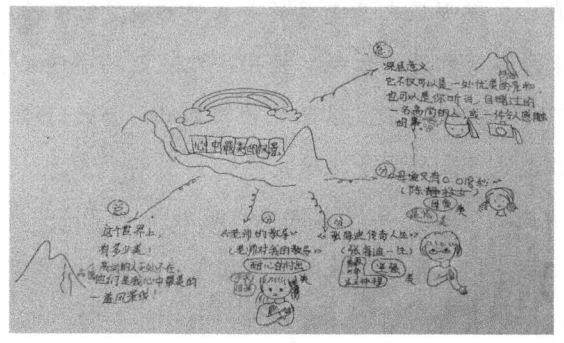

| 深度汇谈　智慧分享——世界咖啡屋教学实践指导 |

【作品展示】

最美的风景

　　在我的心里，一直有道美丽的风景。它不是名胜古迹，也不是迷人的公园。那只是一个心灵美好的老奶奶，她那朴素的衣着、可亲的话语和那简单的动作留给了我久久的感动……

　　那是一个寒风呼啸的深秋。我妈妈正在厨房里烧着我这个小馋猫的最爱——红烧排骨。那阵阵香味已飘呀飘，进了我的房间。我用鼻子使劲地闻了闻，便闭上眼睛慢慢享受了起来。就在这时，一阵喊声打断了我的享受："倩倩，冰箱里的葱没了，你去买点吧，就当是锻炼锻炼嘛！"我不情愿地放下手中的笔，应了声："哦。"我匆匆地从钱罐里拿了50元，便直奔门外，但一到门外就立刻好像一只活泼的小鹿。"呀！怎么这么冷啊？"我朝天上瞄了几眼。原来啊，是风婆婆正在快活地唱着摇滚乐。寒风像刀尖一样刮在脸上，害得我只好把头缩了回来。

　　来到菜市场，人少极了，恐怕是被这寒风吓怕了吧！我四处寻找卖葱的。哈！天助我也！路边正有一位卖葱的老奶奶。我急忙跑了过去，买了5元的葱，就急忙跑走了。（我怕冷，想赶紧回家，还有作业没写完呢！）终于到家了，可我已变成了红鼻大王，一边气喘吁吁地把葱递给妈妈，一边准备去写作业。这时，妈妈漫不经心地问道："找钱呢？"我猛地一愣，连忙向口袋摸去。"啊！"我一拍后脑勺，脸色一变，大喊道："肯定丢在卖葱那了！"我撒腿就跑。

　　这时，风吹得更猛了，我赶紧往菜场跑。菜场的人差不多走光了，静悄悄的一片。我四处张望：好像有个人影在晃来晃去。那人好像也看到我了。直往这跑。等走近了，我才发现那原来是卖葱的老奶奶。她笑容满面地对我说："小姑娘，你刚才跑得太急，钱都没找你呢！她用一双冻红的手递给我了45元。然后如释负重地说："这下我放心了，你也赶紧回家吧，今天好冷，别感冒了。"我看见她的葱早已收起来了，分明是在等我呀！

　　望着她渐渐消失的背影，我的心被狠狠地敲了一下——我十分感动，心里想：啊！人与人之间不就需要这种帮助、信任与关心嘛！能做到的可能却寥寥可数，但这位普通的老奶奶却做到了，做到了……

110

评析：

孩子的世界永远比成人的世界新奇又单纯。生活中一件简简单单的小事，在孩子心中却引起这么大的震撼，在小小的心灵中留下深刻的印迹。在孩子的眼中，这就是"最美的风景"。

更难能可贵的是，能透过现象看本质，而不是停留于表面的肤浅地看问题，从而能够体会、发现生活中的小事透露出的人性美。这也在学生小小的心灵中种下了善良的种子……

【教学反思】

这是一节关于作文解题、构思和选材的指导课。《最美的风景》既可以指真实的风景，也可以是有比喻意义的风景。学生写作时之所以会无从下笔，其实就是因为思想的广度和深度不够，以至于觉得没有东西可写，最后单纯写景不免显得苍白空洞。

而"世界咖啡屋"的作文教学模式可以很好地解决这个问题。本节课，学生们经过几轮深度汇谈，集思广益，最终探讨出风景的本义和比喻义。并且，学生们在作文中选择了更有深度的人文内容来写作，创作出来的作品还可以在众人的建议中修改得更完善。本次写作课基本完成了课前设计中的教学目标，但是学生们把口头创作的作品变成文字，还需要一定的时间。如果课程时长能再多一些，那么实践的效果也会更好。

第六节　文言文咖啡屋案例

古人谈读书 [①]

【教材分析】

《古人谈读书》为五年级语文上册课文，由三则文言文组成，记录了古

[①] 本案例由广州市番禺区石碁镇石碁小学谢泳庄老师提供。

人有关读书，学习的言论。这三篇文章都是以古文的形式呈现的，第一篇选自《论语》，是对学习方法和学习态度的解读；第二篇是朱熹的名篇，介绍的是读书的方法；第三篇是曾国藩的文章，告诉人们读书要有志、有识、有恒。并从正反两个方面加以论证，证明三者对读书人来说缺一不可，非常重要。

【学情分析】

五年级这一阶段的学生正好处于从低年级向高年级的过渡期，生理和心理特点变化明显，是培养学习能力、情绪能力、意志能力和学习习惯的最佳学期。这一时期的学生认知水平有所提高，学到的知识越来越丰富，同时也掌握了更多的学习方法。本文为学生架起通向生活的一道桥梁，让学生在学习中生活，在生活中学习。

【教学目标】

（1）认识"耻、矣"等3个生字，读准多音字"识"，会写"耻、诲"等9个字。

（2）能正确、流利地朗读课文。背诵课文。

（3）能借助注释，理解课文大意。

（4）梳理古人读书求学的态度和方法，能联系自己的读书体会，说出课文内容带来的启发。

【教学重难点】

重点：能借助注释，理解课文大意。

难点：体会古人读书的方法和态度，并对自己的学习方法和态度有所启发。

【教学过程】

第一课时

一、教学目标

（1）把握重点字的读音和意思。

（2）正确、流利地朗读课文，把握课文的主要内容。

（3）体会古人读书的方法和态度，并对自己的学习方法和态度有所启发。

二、教学过程

（一）明确主题，引入新课

（1）出示课件：旧书不厌百回读，熟读深思子自知。——（宋）苏轼。

师：宋代的苏轼告诉我们要如何读书？（生答）从古到今，有不少的古人记录了自己的读书方法供我们学习。今天让我们就一起来学习这样一篇文章。

（2）齐读课题：《古人谈读书》

设计意图：明确主题，直接入课，让课堂教学变得简明而高效。

（二）初读课文，感知内容

（1）检查预习情况：通过预习，你知道文章写了哪些古人吗？三则文言文都是关于他们什么的？

（2）用自己喜欢的方式读一、二部分，读准字音，读通课文。

（3）指名朗读，共同纠正

（4）全班配音乐，大声、流利地朗读一、二部分。

设计意图：读准字音，读通课文是学好文言文的重要途径，让学生自主读文，发现问题，在集体的点拨下得到进步，掌握读文言文的技巧。

（三）研读课文，深入理解

任务一：运用世界咖啡屋的形式交流讨论：

理解课文大意，说说孔子及弟子、朱熹是如何读书的？

要求：①运用文言文的方法，理解课文大意。②用"思维导图"展示成果。

（1）组内交流——组外交流——组内交流。

（2）展示汇报。

（3）互相评价。

任务二：结合自己的读书体会，写一写你受到的启发。

从_____的介绍中，我的启发是：_____

设计意图：创设宜人的环境，运用优雅的礼仪，集中大家的智慧，共同合作，激发思维的碰撞，解决学习上困惑，得到最高的学习效益。最后让学生畅所欲言，在古人的身上收到启示，有助于优化自己的读书方法。

（四）重温课文，尝试背诵

（五）拓展名句，积累知识

（六）布置作业：

（1）背诵《古人谈读书》一、二部分。

（2）阅读更多古人读书的故事和名言。

教学板书：

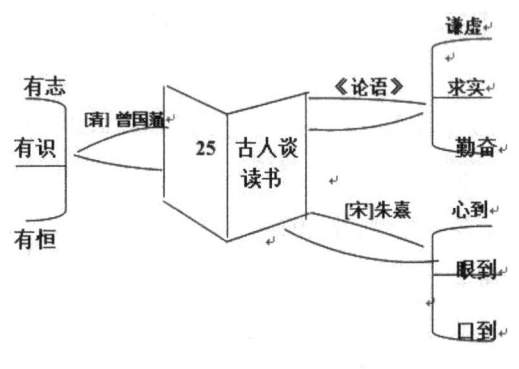

第二课时

一、教学目标：

（1）正确、流利地朗读课文。

（2）借助注释，理解第三则文言文，把握课文的主要内容。

（3）体会古人读书的方法和态度，并对自己的学习方法和态度有所启发。

二、教学过程

（1）复习导入。

（2）小组合作。

（3）受到启发。

（4）拓展实践。

【教学反思】

《古人谈读书》是部编版五年级上册第八单元的第一篇课文，也是一篇比较难理解的古文。这一课摘取了孔子、朱熹、曾国藩三位文化大家的读书之论。《论语》中的三句名言，分别表达了"敏而好学，不耻下问"的读书态度；朱熹的读书方法为心到、眼到、口到，特别强调了"心到"的重要性；曾国藩的读书要诀为"三有"，即文人读书要有志气、有见识、有恒心，并强调"三有"缺一不可。

教学中融入"世界咖啡屋"的理念和形式，打破传统的学习方式，通过"组内交流——组外交流——组内交流"，围绕研学问题"古人是怎样读书的"展开多元交流，使学生的积极性得到充分的提高，课堂氛围好。学生在已有的知识和经验上与更多的同学发生思维的碰撞，达到了更优化的学习效果。在学生进行"世界咖啡屋"合作学习的过程中，我巡视并适时地予以指导，这样又凸显了老师的主导地位。因为老师就是一节课的设计者和引导者，是学生学习过程中的解惑者。最后，古文的学习除了掌握方法，更要注意思想的教育，所以我又设计学生写学习启示，让学生发表自己的见解。

一节课下来，学生在展示"思维导图"的时候，呈现的方式是自主的。采取"世界咖啡屋"的交流方式，学生汇报的语言更丰富，小组合作更和谐，学生的收获是满满的。

囊萤夜读[①]

【学情分析】

《囊萤夜读》为统编教材小学语文四年级下册课文。四年级的学生是第一次接触文言文，在心理上难免会产生畏怯，所以安排浅显易懂的《囊萤夜读》，意在通过此文的学习，让学生对文言文有所认知，培养学生对文言文的阅读兴趣，感受中华民族优秀传统文化，积累语言、沉淀文化，并受到思想情感的熏陶感染。

---

① 本案例由广州市番禺区石碁镇石碁小学谢泳庄老师提供。

【教学目标】

（1）能根据课后的注释，运用扩充词语的方法疏通全文，了解故事内容。

（2）正确、流利、有感情地朗读课文。背诵课文。

（3）理解重点词句，感受人物的伟大品格，树立正确的人生观。

（4）初步感受文言文的特点，激发学习文言文的兴趣。

【教学重点】

正确、流利地朗读课文，能借助注释和扩词方法读懂文言文。

【教学难点】

理解重点词句，感受人物的伟大品格，树立正确的人生观。

【教学方法】

一、教学准备

教师准备多媒体课件，研学案；学生预习课文。

二、课时安排

一课时。

三、教学过程

（一）导语引入，揭示课题

（1）师：我国文化源远流长，博大精深，从小到大，相信你们也读过不少的经典故事吧。今天我们来学习《三字经》中"如囊萤"的故事。这是一篇文言文，选自《晋书·车胤传》。

齐读课题：囊萤夜读

（2）学习书写：囊。

（3）解释题目

（二）初读课文，整体感知

（1）自由朗读，出示"学习小贴士"：请借助拼音自由读课文和注释。

（2）检查读书，谈谈文言文的感受。

（三）研读全文，体会人品

1. 学习第一句

（1）借助注释自由读，读懂意思。

（2）学生反馈，教师点拨，掌握方法。

师：你是怎样读懂的？　生：借助注释。

出示"倦"，学习"扩词"理解句子的方法。

胤恭勤不 倦（疲倦）。

运用方法：句子中哪个词也可以用"扩词"的方法？预设：勤、学。

（3）指导朗读，注意节奏。

胤/恭勤不倦，博学多通。

（4）升华朗读：你看到一个怎样的胤？（教师板书，学生积累）

板书：

胤

恭　　　博

勤　　　学

不　　　多

倦　　　通

（5）小结方法：借助注释和扩词语的方法。

2. 用世界咖啡屋的学习模式，合作学习第二句

（1）研学问题：理解句子意思，想想你看到一个怎样的胤？

第一轮讨论，桌长组织本桌同学结合学习方法理解文言文，读准字音和节奏，从句子中说说胤是一个怎样的人？第二轮讨论，各桌长留在原桌，其他组员流动出去到其他小组，听取各桌长的意见，也提出自己的见解。第三轮讨论，流动出去的组员回归组内，再次合作进行汇报。

（2）配乐朗读，升华感情。

（师）胤/家贫/不常得油，夏月/伙伴邀其捉迷藏，

（生）胤/则/练囊/盛/数十萤火/以/照书，以夜继日/焉。

（师）胤/家贫/不常得油，夏月/父母劝其休息去，

（生）胤/则/练囊/盛/数十萤火/以/照书，以夜继日/焉。

（师）胤/家贫/不常得油，夏月/家家户户入梦乡，

（生）胤/则/练囊/盛/数十萤火/以/照书，以夜继日/焉。

（3）背诵课文，小结板书：

车胤家贫但志不短，在条件非常艰难的情况下，也要立志发奋读尽人间书籍。根据《车胤传》，车胤恭勤不倦、博学多通，是东晋大臣，吏部尚书，为国家做出很大的贡献。

3. 微课呈现，总结方法

（1）师：回顾你们怎样读懂这篇文言文的？

生：借助注释、联系上下文、扩充词语……

（2）出示微课。

学习古文秘籍：反复朗读是关键。

　　　　　　　课文注释结合看。

　　　　　　　扩充词语想画面。

　　　　　　　牢记方法在心间。

（四）拓展阅读，强化方法

（1）研学案：《凿壁借光》和《孙康映雪》（任选一篇）。

凿壁借光

匡（kuàng）衡①勤学而无烛，邻居有烛而不逮（dǎi）②，衡乃穿壁③引其光，以书映光而读之。

注释：

①匡衡：西汉经学家。

②逮：到，及。不逮，指烛光照不到。

③穿壁：在墙上打洞。穿：凿。

孙康映雪

孙康家贫，常映雪①读书，清介②，交游不杂③。

注释：

①映雪：借雪映出的光。

②清介：清正耿直。

③交游：朋友或结交朋友。 不杂：不杂乱，意思是不乱交朋友。

（2）学生汇报意思。

（3）体会人物品格。

（4）学习了今天的故事，请说说你懂得了什么？

第一轮讨论，针对学习各抒己见，发表自己的收获，并用思维导图记录下来。第二轮讨论，桌长依然坚守自己在本桌，组员流动到其他组去，听取其他桌长的收获和见解，并修改自己的思维导图，同时发表自己的收获。第三轮讨论，全部组员回到自己的组内，汇报自己的交流成果，进一步提升自己的学习收获。这样，从课内走向课外，从而更好地达到立德树人的效果。

（五）推荐阅读，立德树人

《悬梁刺股》和《江泌映月》。

师总结：像这样的古文还有很多，推荐2个小古文给同学们，愿同学读万卷经典，做中华少年！

板书设计：

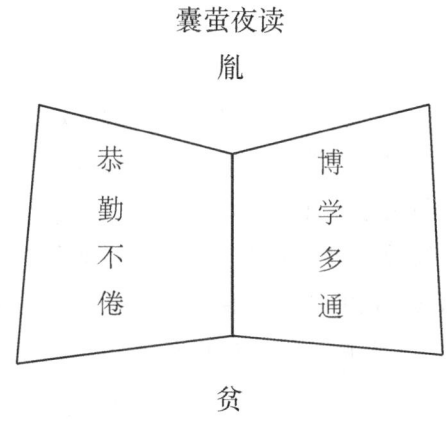

读万卷经典　　做中华少年

【教学反思】

文言文是经过千百年时间淘洗而流传下来，是诗文中的极品。但它离孩子们比较远，学习起来还比较困难的。

| 深度汇谈　智慧分享——世界咖啡屋教学实践指导 |

在本节课的教学过程中,我大胆采用了"世界咖啡屋"的教学模式,引用了新的教学理念,创新课堂交流方式,以研学问题"理解文章意思,想想胤是个怎样的人"贯穿整节课。学生先组内交流,组长组织并做好记录;接着组外交流,组长坚守位置,并采纳好的信息;最后是组内交流,集思广益,精益求精。有的小组认为胤是一个刻苦学习的人,有的认为是废寝忘食的人,还有的认为是不怕苦不怕累的人……

浅显的讨论结果无法达到高质量研学的目的,所以我继续让学生结合自己的生活实际,再次以"世界咖啡屋"的交流方式,畅所欲言,谈谈自己的收获。结果,学生完全沉浸在自主的课堂中,学习氛围很融洽,表达中互相补充,取长补短。通过组内交流——组外交流——组内交流,学生的积极性完全提高了,理解思路更清晰,学生的阅读能力得到了进一步的提升。

第七节　非连续文本咖啡屋案例

学做一个人[①]

【设计理念】

陶行知的《学做一个人》是一篇著名的演讲词,是针对入学大学生而写的,所以对初一的学生来说在理解上是有难度的。但文章的结构层次比较清晰:先通过列举陶行知认为的五种人是不属于一个整个的人的标准,然后再提出作为一个整个的人的三个标准,最后阐明学生的"学"和"作"要统一起来。后面三则材料则是对陶行知这篇演讲词的补充。第一则材料写了一个成功的人有多种品质标准,第二则材料写了人要做一个完整的人,第三则材料写了做人的底线和原则。

非连续文本阅读的容量比较大,跳跃性也较大,学生在做题过程中不掌握一定的阅读技巧和对深入文本的理解,很容易被扣分。它要求学生不仅要了解非连

---

① 本案例由广州市番禺区市桥桥兴中学吴冬梅老师提供。

续文本的特点，学会准确筛选重要信息，还要能够发掘出隐藏其中的智慧与情趣。那么对于初一的学生，学习这种文本阅读的考查方式，深入理解文章就很重要。通过咖啡屋教学的方式，让大家共同参与到这种文本的教学中，是一种很好的教学手段。

【教学目标】

知识与技能目标：了解非连续文本的特点，并能挖掘文本的内涵。

过程与方法目标：通过咖啡屋的教学模式，提高学生的阅读能力和阅读素养。

情感态度价值观目标：让学生懂得如何做一个真正有价值的人并形成自己的价值观。

【教学重难点】

采用咖啡屋教学模式，运用"汇谈中找答案"方法，加深对作品的理解；教师在学生阅读过程中不断给以指导，引导他们达到更高的阅读层面。

【教学方法】

一、教学准备

多媒体课件、彩色纸和油性笔。

二、教学对象

初一（3）学生。

三、教学课时

一课时。

四、教学过程

（一）导入

同学们，有这样一个人，他一生致力于人民的教育事业，被毛泽东誉为"最伟大的人民教育家"，被周恩来称赞为"毫无保留地追寻党的党外布尔什维克"。他自己也曾说过"滴自己汗；吃自己的饭。自己的事，自己干。靠人，靠天，靠祖先，都不算好汉。"引出对陶行知的简单介绍并出示课题《学做一个人》。这份阅读材料是由陶行知的演讲词和三则材料构成。

链接一：

现在的中国进入了对家庭教育非常复杂的时代，社会里面有标准，家庭里面

| 深度汇谈　智慧分享——世界咖啡屋教学实践指导 |

有标准,而且,这些标准还有可能是错误的标准。比如说,我们的标准是要求孩子在班里进前5名,孩子只要能考上北大、清华就算成功,到哈佛、耶鲁就更加成功。这虽然是标准,但在我看来,都是错误的标准。为什么错误,因为它最后变成了家庭的唯一标准。而孩子的成长有很多标准,比如说人品是否高洁是一个标准,个性是否健康是一个标准,做事是否有创造力、想象力是一个标准,有没有吃苦精神、有没有勤奋精神是一个标准,有没有摔倒在地上敢于爬起来的精神也是一个标准。中国现在的社会,把成功限定在一个特别狭小的范围之内,对孩子们来说考高分,成绩好就是标准;孩子五六岁会弹钢琴,就会得到奖赏。我们中国的成人世界里从不以一个人拥有多少真心朋友作为成功的一个标准,我们成人世界里的标准就是这个人有钱,有地位,有财富。

摘自俞敏洪《家庭教育的头等大事——人品教育》

链接二:

谈到关于"人"的话题,不由自主地想起曾经在一本杂志中读到过这样一段文字:世界上最难写的字是"人",而真正难写的是从社会角度讲的那个"人"字。当时这篇文章我看了好几遍,很清楚地记得主题为"人"字的两笔有一笔没写好便不能称之为真正意义上的完整的人。一笔写出生的啼哭,一笔写临终的笑容。一笔写前半生,一笔写后半生。一笔写成长,一笔写衰老。一笔写进,一笔写退。一笔写快乐,一笔写烦恼。一笔写顺境,一笔写逆境。一笔写付出,一笔写收获。一笔写道德,一笔写才能。一笔写权利,一笔写责任。一笔写阴,一笔写阳。……中国人口众多,有多少人是个整个的人?有多少人能够书写好这个"人"字?愿天下人人写好"人"字,愿天下人人做个完整的人。

摘自网络,有删改。

链接三:

做人一定要有原则和底线,不能信马由缰,不能降低自己做人的门槛。拿破仑说过,世界上可能有一千个将军或元帅,但只有一个拿破仑。为什么?就是因为他有自己的性格和做人的原则。人们能记住和尊重的往往是一个人的品德和人格魅力,而不是他的富有、华贵和显赫。美国纽约一个老年公寓里住着一个老人,他总是要感谢所有帮助过他的人。有一次,邻居陪他去了医院,他想答谢对方,但对方去加州出差了。老人为此特意发了一个特快专递,里面只有两个字

"谢谢"。新加坡有一个年轻的导游,谢绝中国客人递上来的中华烟,只抽自己的便宜烟。他说,政府有规定,不能接受客人的任何东西,哪怕是一支烟,否则我就对不起国徽,这是我做人的底线。从以上这两个区区小事中,我们感到,人生有着最不能含糊的东西,这就是人生的原则和底线。人以原则为崇高,行以正道为高尚。守护原则和底线,这是做人的一种境界,是生活对人的一种提炼。

(二)运用咖啡屋形式探讨如下问题。

1. 问题①这三则材料围绕共同的主题各写了什么内容?

问题②我们如何做一个人?(老师提醒:除了文中陶行知的演讲词和材料链接的看法外,你自己根据在日常生活中的各种感受、体验,对此有什么新的认识)

问题③阅读了上述材料,请归纳出非连续性文本有什么特点?

2. 老师对咖啡屋式教学中的问题指导

讨论问题首先是不能脱离文本的,文中的题目就是学做一个人。陶行知在1925年针对学生做的这篇演讲稿,也就是对当时的学生提出自己的看法建议。另外三则材料围绕这个主题——学做一个人,从不同的角度提出了自己的观点。每则材料的侧重点也是有差别的,请认真阅读并讨论三则材料的内容。作为21世纪的青少年,请思考你是一个怎样的人,你想学做一个怎样的人?通过本节课非连续文本的阅读,从这种文本的外在形式和主题上来看,它有什么特点?

(三)开展第一轮咖啡屋式探究

1. 以4人小组为单位,讨论这三则材料围绕共同的主题各写了什么内容?分析文中陶行知的演讲词和三则材料要我们做怎样的一个人以及非连文本的特点。

2. 鼓励学生贡献,交流并连接不同的观点,共同聆听组内其他人的想法、见解,收获和分享集体智慧。第一轮讨论在指定的座位。4人一桌。讨论问题轮流发言,然后写在大的白纸上。

(四)开展第二轮咖啡屋式探究

1. 组长留下,其他组员分散到各个组继续讨论。

2. 其他组员带着集体的发现到别的组去贡献和深入探索。第二轮探究,细心观察,深入分析问题,从别的小组中听到不同的思想,在同其他小组成员的讨论中找灵感。

（五）开展第三轮咖啡屋式探究

带着集体发现回到最初的组去贡献和整理桌布，准备展示。第三轮探究，整理思路阶段，丰富完善大的白纸上的内容，讨论更加激烈。

（六）学生分享展示

学生扣住陶行知演讲词中的一句"我自己是不是一个整个的人？"探讨他说的五种情况的人不是一个整个的人，然后再提出作为一个整个的人的三个标准，最后阐明学生的"学"和"作"要统一起来。

学生探讨了每一则材料的主要内容。第一则材料写了一个成功的人有多种品质标准，第二则材料写了人要做一个完整的人，第三则材料写了做人的底线和原则。

非连续文本的特点是整个阅读材料是由一篇文章和几个链接材料构成，虽然它们彼此独立，但因为围绕同一个主题却又是一个整体。

集体交流展示，收获和分享集体智慧，用大白纸来展示所有人的智慧。

【教师总结】

1. 老师肯定学生的积极讨论

（1）在讨论过程中，发现学生有了辩证的思想。

文本中有"残废的——他的身体有了缺欠，他当然不能算是整个的人。""要有健康的身体——身体好，我们可以在物质的环境里站个稳固。诸要作一个八十岁的青年，可以担负很重的责任，别作一个十八岁的老翁。"这样的思想，学生却举出霍金的反面例子，得出虽然有的人身体不健全，但他们的精神和思想却是健全的。

（2）有小组讨论：我们要做这样的人，不能做反方向的人。那么人为什么会形成不良习惯，不好品质呢？

这些问题同学们知道从纵深角度去考虑，并把这些思想带到其他小组中去讨论，从而形成集体的智慧。

2. 老师总结这节课的学习要点

（1）把握文本的主题思想

非连续文本和传统文章是有区别的，但不管链接材料再多，它都是有一个主题思想的。所以学生在阅读时要能把握好这一中心。

（2）能多从不同的角度去思考文章的主题，从而让自己的思想变得深邃，考虑问题更周全。

咖啡屋式的教学可以从别人的启发中得到新思想和不同的见解，所以这种方式很适合在初中语文教学中展开。

【教学反思】

《学做一个人》是一篇比较枯燥且难理解的文章，调动他们的积极性就很有必要。通过开展咖啡屋的教学模式，可以让初一的学生能更好地阅读文本。"世界咖啡屋"教学模式比起传统课堂优势明显，学生的参与度、主动性大大提高。所以我采用了"世界咖啡屋"来进行教学。本课的重点活动，老师根据咖啡屋模式的流程和核心原则设计教学活动，学生讨论和总结自己"到底应该做个怎样的人"的想法和看法。运用世界咖啡屋教学模式，让学生在轻松平等的氛围中，学会聆听和表达自己的思想，尊重和鼓励每个学习者参与到课堂学习中来，并通过学生的走动交流，对原来的想法和思想形成新的反思和收获。在创造集体智慧的过程中，既培养学生的创新精神和能力，使教学向着更深层次的多向互动发展，又能锻炼学生合作的能力，促进学生终身学习、团队合作、创新进取等方面能力的发展。

学生在第一轮的讨论交流中得出了"三则材料讲了一个共同的话题是什么"的答案，那就是"如何做一个人"，然后又探讨出三则材料的侧重点不一样；第二个问题是从三则材料中找到"做一个人的准则——多种品质标准、做一个完整的人、做人的底线和原则"，这对部分同学来说是有难度的。而通过小组组员的讲解可以为他们提供了帮助，降低了他们的学习难度。

这节课中，我觉得"咖啡屋教学"带来的最大好处就是学生能从其他小组成员中得到新思想，并能拓展自己的思想。比如在第二轮的讨论中，有些同学针对"做一个完整的人"，提出了霍金的例子，说他身体虽不完整，但他的思想是完整的。还有同学对独立自强、积极乐观、尊重他人等品质表示肯定，提出了人的不良习惯和品质的根源是什么？像这样的提问和思考，在原先的课堂中是较难被发现的。但"世界咖啡屋"教学模式就不一样，它让学生交流，深入探讨。学生的思维被打开，看问题也会往纵深方向发展。

用"世界咖啡屋"方式进行阅读教学,非常符合语文核心素养下培养学生"自主、合作、探究的学习方式"的要求,有利于培养学生的创新思维和实证的科学精神,值得研究、实践和推广。

故宫博物院材料三、四[①]

【设计理念】

《故宫博物院》选自人教版部编版小学语文第11课。这个文本根据同一主题共有四则材料。材料一、二是连续性文本,材料三、四是非连续性文本。材料一是一篇比较完整地、详细地介绍故宫博物院建筑群的说明文。材料二是以记叙为主的一个小片段,讲到了太和殿被烧后重建的往事。材料三是一幅故宫博物院有关开放和服务的网页,提供了参观方案。(选自2016年12月故宫博物院官方网站)后三则材料是对第一则材料的补充材料。

本教学案例在学习第一、二则材料后就材料三、四这则非连续性文本进行案例研讨,课堂教学中突破传统的小组合作学习的模式,创新地运用世界世界咖啡屋的学习模式于课堂教学中。以完成课文给出的阅读任务为契机,开展教学。任务一:为家人计划故宫一日游,画一张故宫参观路线图。任务二:选择一两个景点,游故宫的时候为家人做讲解。完成这两个任务,正好可以借助非连续性文本材料三和材料四。

【教学目标】

(1)通过对故宫博物院建筑群的了解,培养爱国感情。

(2)掌握文章以空间为序的写作特点。

(3)了解以空间为序写文章必须确定立足点(观察点)和准确使用方位语言(方位词和方位短语)。

(4)体会本文围绕中心突出重点的写作方法。

【教学重难点】

重点:采用咖啡屋教学模式,运用"汇谈中找答案"方法,根据不同的任务,阅读材料。理清文章的说明顺序,学习按照空间顺序说明复杂事物的写作思

---

① 本案例由广州市番禺区市桥实验小学赖燕琼老师提供。

路，能为家人计划故宫一日游，画一张故宫参观路线图。

难点：采用咖啡屋教学模式，运用"汇谈中找答案"方法了解故宫博物院建筑群规模宏大、建筑精美、布局统一的特点；能选择一两个景点，游故宫的时候为家人做讲解；增强民族自豪感，激发民族创造精神。

【教学方法】

一、教学准备

多媒体课件、彩色纸和油性笔。

二、教学课时

一课时。

三、教学过程

（一）回顾前文，引出画参观路线图

师：上一节课，我们学习了材料一、二，故宫建筑群的特点，现在我们就来为家人计划故宫一日游，画一张故宫参观路线图。并选出路线图经过的一两个景点，为家人做讲解。下面是咖啡屋时间，大家可以借助材料三、四完成。

（二）咖啡屋时间　分组完成路线图

（1）各小组根据任务研读非连续性文本材料四：故宫博物院平面示意。

（2）根据示意图设计出游览路线。

（3）选出路线图经过的一两个景点，写出景点讲解词。

（4）咖啡屋时间：

本小组内设计游览路线图，并进行至少两个景点讲解。

小组内交流，以思维导图形式绘制游览路线图，并辅以景点讲解说明。

小组长留在原组，其他小组成员分散流动到其他小组去，了解其他小组的游览路线图，参与其他小组的讨论，分享并收集各小组的观点。

流动的同学各自回到自己小组，设计出更加优化的游览路线图。

（5）小组在班上展示自己小组的游览路线图，并导游式讲解自选景点。

（6）其他小组可以继续做补充或者说说自己新的游览路线图。

（7）将各小组的游览路线图张贴到黑板上，比较其优异之处。

（三）总结提升

师总结：巍巍的古长城，滔滔的黄河水，莽莽的黄山松。饱经忧患的神州大地竟孕育出世上最美丽的景观，最壮阔的人文，最奇丽的艺术。同学们，我们难道不应该为我们生于斯，长于斯而感到骄傲自豪吗？那么，就让我们一起来为"爱我国家，兴我中华"而拼搏吧！请在下面主题中选一景点，画出游览线路图，并采用空间顺序，运用总分总的结构方式进行说明介绍。

（1）我们的校园。

（2）我的小区。

【教学反思】

本节课教师尝试在小学语文课堂中用咖啡屋的学习方式让学生进行学习，强化学生在学习过程中的主体参与意识。

课堂中，当学生自己的小组设计出游览线路图并写好景点讲解词后，成员就分散流动到其他小组去，了解其他小组的设计情况，参与其他小组的讨论。几分钟后，流动的同学各自回到自己小组，完善自己小组的设计。这样的研学活动经历了一个有创新交流互动的过程，孩子们对如何设计出更适合不同家庭的线路图更有主见。孩子们在这样的过程中得到合作精神的培养，同时也培养了他们的民族感情。

附：

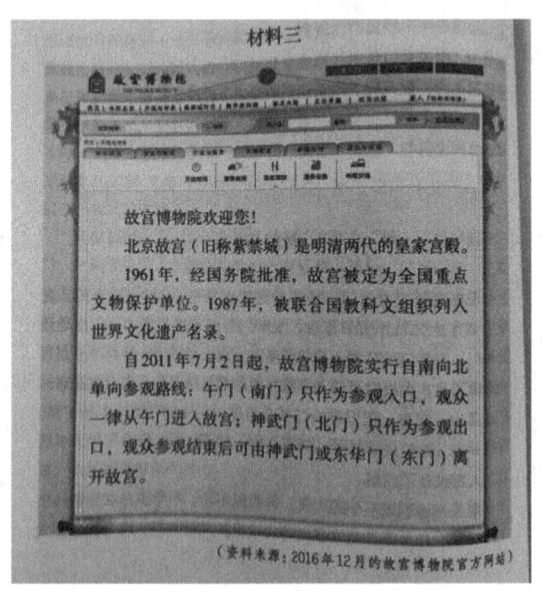

第六章 咖啡屋语文教学具体案例

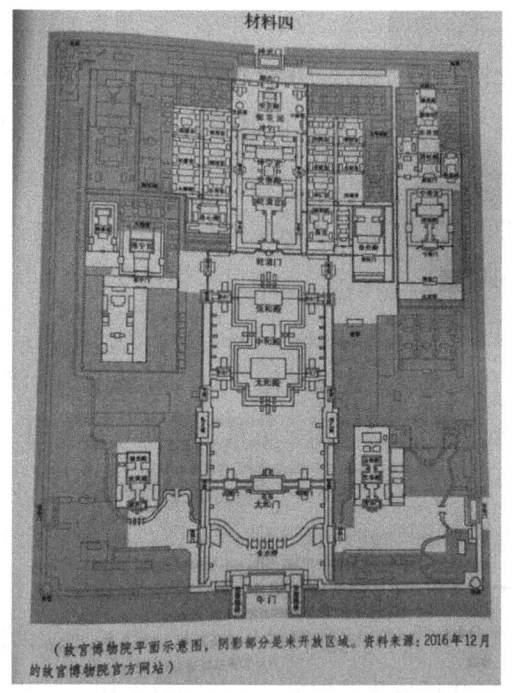

(故宫博物院平面示意图,阴影部分是未开放区域。资料来源:2016年12月的故宫博物院官方网站)

第八节　混合文本咖啡屋案例

蝉[①]

【设计理念】

《义务教育语文课程标准(2011年版)》在第四学段阅读教学目标中明确:"阅读有多种材料组合、较为复杂的非连续性文本,能领会文本的意思,得出有意义的结论。"由此可见,初中阶段学生的阅读文本不应该仅限于单一的文本,

---

① 本案例由广州市番禺区市桥星海中学何华栩老师提供。

129

还可以进行多种文本混合的阅读练习。近年来，广州市的中考阅读题也是趋向于考查学生阅读非连续性文本的能力。为此，本节课设计了混合文本内容。一方面让学生接触一下这种文本，另一方面也促进学生多方面、多角度地理解《昆虫记》的内容，尤其重点理解作者的科学精神和人文情怀。

针对混合文本的阅读，学生比较陌生，对于刚上初二的孩子来说，也有一定的难度。本课设计咖啡屋学习模式，希望可以促进学生对文本的理解。

【教材分析】

《昆虫记》是法国昆虫学家法布尔创作的科普著作，是部编版八年级上册语文书指定阅读的名著。《蝉》这篇课文节选自法布尔的《昆虫记》，是一篇自读课文。原文由四部分组成，分别是"蝉和蚁""蝉的地穴""蝉的音乐""蝉的卵"，科学而详尽地介绍了蝉的生长过程和习性。本文节选了其中的两个部分。学习本文，既能从一个侧面了解《昆虫记》这本名著的特色，也可以此为基点进行拓展阅读，提升学生的阅读素养。这也是课本"阅读提示"及《教师教学用书》"教学建议"中的要求。此外，《教师教学用书》中还对《昆虫记》的学习提出了纲领性的指引，引导教师的教学必须"内""外"结合，把课文学习与本单元后的"名著导读"结合起来。

【学情分析】

（1）较多学生在小学甚至更早就已经接触《昆虫记》一书，但是很多的理解只停留在这是一本"有趣的""关于昆虫的"书，学生对本书作者的观察水平、写作技巧、人文精神并没有深入领会。这是作为八年级学段阅读本书需解决的问题。

（2）在此前的学习中，我们已经开展了《昆虫记》两个阶段性的学习，分析了本书的写作内容，以及本书科学性与文学性相结合的写法特点。这节课是引导学生进入下一阶段的阅读：理解作者的科学与人文精神。

（3）在此前七年级的学习中，学生们没有接触过"混合文本"的训练，主要是单一文本的训练比较多，这次是本班学生对混合文本的初次理解。

（4）本班之前已有开展咖啡屋学习，对如何运作有一定的默契。

【教学目标】

知识能力目标：在之前学习的基础上，把握课文的写作内容，了解蝉的生活习性，分析法布尔研究昆虫的方法。

方法过程目标：运用咖啡屋学习的形式，结合课文和混合文本，培养发散思维，提升阅读素养。

情感态度目标：通过本课教学，深刻理解《昆虫记》一书体现的科学与人文精神，促进学生日常的科学与环境保护意识。

【教学方法】

一、课时安排

1课时。

二、教学准备

（1）教师准备混合文本资料以及课堂使用的文具，布置咖啡屋学习需要的环境。

（2）学生预习《蝉》一文，完成《自主阅读》的作业。

三、教学过程

（一）教师导入，温故求新

师：各位同学，《昆虫记》的阅读即将进入最后一个阶段的讨论分享了。我们之前探究分析了《昆虫记》的写作内容和写法特点。我们认识到，《昆虫记》之所以成为传世佳作，除了它详尽而又生动地描绘了昆虫的世界，用文学的笔法呈现科学的探究之外，更在于这部作品所体现的"法布尔精神"。它是我们从这部巨作中可以感受到的作者的人格魅力，使这部作品感人至深、启发未来。今天，我们通过学习《蝉》这篇课文，一起来探讨"法布尔的精神"到底是什么。

（二）阅读原文，整体感悟

1. 自主阅读

在第一课时学习的基础上，再次阅览《蝉》一文，思考回答以下问题：

（1）在《蝉的地穴》这一部分中，介绍了蝉从____到____的生长过程。

(2) 在《蝉的卵》这一部分中，蝉从产卵到成虫，其生长历程是：
____→____→____→____

2. 展示同学们的正确答案

(1) 在《蝉的地穴》这一部分中，介绍了蝉从__幼虫__到__成虫__的生长过程。

(2) 在《蝉的卵》这一部分中，蝉从产卵到成虫，其生长历程是：
____产卵____→____孵化____→幼虫蜕皮→未成长的蝉

(三) 咖啡屋阅读探究："法布尔精神"是什么？

1. 第一轮讨论

准备：以小组为单位围坐，组长负责组织讨论，组员做好记录。

老师明确：今天要讨论的核心问题是"法布尔精神"是什么。同学们可以根据老师提供的文本资料，以三个问题为主线，进行讨论，最后解决核心问题。

学生根据以下的混合文本资料，开始讨论：

问题一：《蝉》一文中，法布尔用了大量的笔墨，详尽描写了蝉在地穴中的"黑暗的苦工"。结合原文和链接一，想想法布尔研究蝉所进行的描述以及所得出的结论是如何获得？

原文节选：

蝉的隧道大都是深十五六寸，下面较宽大，底部却完全关闭起来。做隧道的时候，泥土搬到哪里去了呢？为什么墙壁不会塌下来呢？谁都以为幼虫用有爪的腿爬上爬下，会将泥土弄塌了，把自己的房子塞住。其实，它的动作简直像矿工或铁路工程师。矿工用支柱支撑隧道，铁路工程师用转墙使地道坚固。蝉同他们一样聪明，在隧道的墙上涂上灰泥。它身子里藏有一种极粘的液体，可以用来做灰泥。地穴常常建筑在含有汁液的植物根须上，为的可以从根须取得汁液。

能够很随便地在穴道内爬上爬下，这是很重要的。它必须先知道外面的气候是怎样的，才能决定可以出去晒太阳的日子来到没有。所以它工作好几个星期，甚至几个月，做成一圈涂墁得很坚固的墙壁，以求适于上下爬行。隧道的顶上留一层一指厚的土，用来抵御外面的恶劣气候，直到最后一刹那。只要有一些好天气的消息,它就爬上来,利用顶上的薄盖去考察气候的情况。

假使它估量到外面有雨或风暴——纤弱的幼虫蜕皮的时候,这是一件顶重要的事情——它就小心谨慎地溜到温暖严紧的隧道底下。如果气候看来很温暖,它就用爪击碎天花板,爬到地面上来。

链接一:

他不去做解剖和分类的功夫,却用了观察与试验的方法,实地地记录昆虫的生活现象、本能和习性之不可思议的神妙与愚蒙。

——周作人

在法布尔那个时代,研究动物是蹲在实验室里做解剖与分类的工作,昆虫学家的研究是把昆虫钉在木盒里,浸在烧酒里,睁大眼睛观察昆虫的触角、上颚、翅膀、足,对这些器官在昆虫的劳动过程中起什么作用却很少思考;昆虫生命的重要特征——本能与习性等,登不了昆虫学的大雅之堂。法布尔却挑战传统,将自己变成"虫人",深入昆虫的生活,用田野实验的方法研究昆虫的本能与习性,探求生命的本质。

——邹靖华《〈昆虫记〉感言》

我是圣多马(按:耶稣十二门徒之一,因亲手触摸耶稣伤口始信其复活。)难于对付的弟子,在对某个事物说"是"以前,我要观察、触摸,而且不是一次,是两三次,甚至没完没了。直到我的疑心在如山的铁证下归顺为止。

——法布尔《昆虫记》卷七

问题二:在《蝉》一文中,可以看出作者耗费了大量的时间与精力来观察和记录这种昆虫。结合原文和链接二,思考是什么样的精神支撑法布尔完成了十卷本《昆虫记》?

原文节选:

四年黑暗中的苦工,一个月阳光下的享乐,这就是蝉的生活。我们不应当讨厌它那喧嚣的歌声,因为它掘土四年,现在才能够穿起漂亮的衣服,长起可与飞鸟匹敌的翅膀,沐浴在温暖的阳光中。什么样的钹声能响亮到足以歌颂它那得来不易的刹那欢愉呢?

| 深度汇谈　智慧分享——世界咖啡屋教学实践指导 |

链接二：

我有一个最大的愿望，就是想在野外建立一个试验室。当时我还处于在为每天的面包问题而发愁的生活状况下，这真是一件不容易办到的事情！我几乎四十年来都有这种梦想，想拥有一块小小的土地，把土地的四面围起来，让它成为我私人所有的土地；寂寞、荒凉、太阳曝晒、长满荆草，这些都是为黄蜂和蜜蜂所喜好的环境条件。在这里，没有烦扰，我可以与我的朋友们，如猎蜂手，用一种难解的语言相互问答，这当中就包含了不少观察与试验呢……这些昆虫全都是我的伙伴，我的亲爱的小动物们，我从前和现在所熟识的朋友们，它们全都住在这里，它们每天打猎，建筑窝巢，以及养活它们的家族。而且，假如我打算移动一下住处，大山离我很近，到处都是野草莓树、岩蔷薇和石楠植物，黄蜂与蜜蜂都是喜欢聚集在那里的。我有很多理由，使我为了乡村而逃避都市，来到西内南，做些除杂草和灌溉莴苣的事情。

——法布尔《祖传影响》

折磨法布尔一生的有两大困扰，一是"偏见"，二是"贫穷"。法布尔勤奋刻苦，锐意进取，从农民后代变成一位中学教师；此后业余自学，花十二年时间，先后取得业士、双学士和博士学位；中学教书二十余年他兢兢业业，同时业余观察研究昆虫及植物，发表过非常出色的论文。然而人们看到，法布尔没有向"偏见"和"贫穷"屈服。他依然勤于自修，扩充知识储备，精心把定研究方向，坚持不懈地观察实验，不断获得新成果。他几乎是在牺牲一切。他不吃饭，不睡觉，不消遣，不出门；不知时间，不知疲倦，不知艰苦，不知享乐；甚至分不出自己的荒石园是人宅还是虫居，仿佛昆虫就是"虫人"，自己就是"人虫"。后半生五十年，他心中似乎只记着一件事：观察实验——写《昆虫记》。

——王光《〈昆虫记〉译序》

问题三：法布尔、克里斯托弗·马利的生活中都与昆虫打交道，结合原文和链接三，说说两者对待昆虫、研究昆虫的方式有什么不同？你更喜欢或赞赏哪一个的做法？为什么？

原文节选：

蚋和蝉一样，也有穿刺工具，位于身体下面近中部处，伸出来和身体成直角。蝉卵刚产出，蚋立刻就想把它毁掉。这真是蝉家族的大灾祸。大怪物只须一踏，就可轧扁它们，然而它们置身于大怪物之前却异常镇静，毫无顾忌，真令人惊讶。我曾看见三个蚋依次呆在那里，准备掠夺一个倒霉的蝉。……这可怜的母亲一直一无所知。它的大而锐利的眼睛并不是看不见这些可怕的敌人不怀好意地呆在旁边。然而它仍然无动于衷，让自己牺牲。它要轧碎这些坏种子非常容易，不过它竟不能改变它的本能来拯救它的家族。

链接三：

你们是把昆虫开膛破肚，而我是在它们活蹦乱跳的情况下进行研究；你们把昆虫变成一堆既可怖又可怜的东西，而我则使得人们喜欢它们；你们在酷刑室和碎尸场里工作，而我是在蔚蓝的天空下，在鸣蝉的歌声中观察；你们用试剂测试蜂房和原生质，而我却是研究本能的最高表现；你们探究死亡，而我却是探究生命。

——法布尔《昆虫记》卷二

克里斯托弗·马利和他的昆虫画

克里斯托弗·马利（Christopher Marley）于1969年3月出生于洛杉矶，童年居住在太平洋的西北地区，18岁离家，游历了数十个国家，也曾在路易斯·威登（LOUIS VUITTON）、乔治奥·阿玛尼（Giorgio Armani）、古驰（GUCCI）、唐娜·卡兰（Donna Karan）等著名品牌从事时尚广告工作，这塑造了他独特的时尚理念和审美体系。克里斯托弗·马利不仅仅是艺术家、设计师，也是非常优秀的摄影师和作家。克里斯托弗·马利是第一个尝试进行昆虫艺术创作的人。与其他所有回收流水线上的生物一样，这个标本因自然捕获及相关后期原因死亡。克里斯托弗·马利联系他关系网内的成百上千个博物馆、动物园、饲养员和其他农牧业组织，获取了珍稀或原始脊椎动物标本，使它们免于丢弃。每个标本都被精心准备，保存及密封。每一件都是独一无二或是仅存的样本。毫无疑问，色彩鲜艳的昆虫排列成的图案极富美感，而选择合适昆虫标本和构思图案无一不考验作者的艺术创作力。"色彩秘境"系列是克里斯·托弗马利最具代表性的创作之

| 深度汇谈　智慧分享——世界咖啡屋教学实践指导 |

一。设计者花了大量时间在标本的精心准备和选择上。他说："艺术的目的是提高我们的美学感觉，提高我们体验美丽的能力，同化我们接触的生活系统，从而整体或部分地与安排的元素相互作用获得乐趣或刺激。"因此在创作过程中，他把注意力集中在色调的组合上，每一幅缤纷多彩的作品上的颜色是天然形成的，而不是着色。与动物界中的任何颜色一样真实、有力。

克里斯托弗马利制作的昆虫画示例：

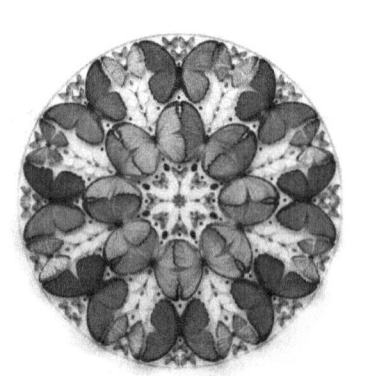
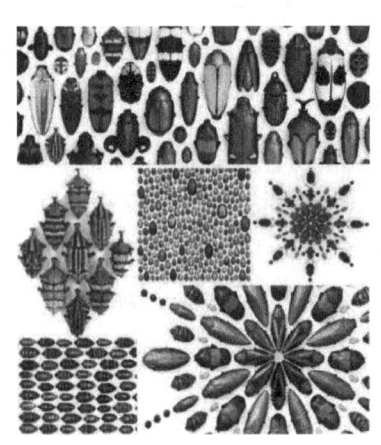

2. 第二轮讨论

每组组长留在原座位上，其余组员，将本小组的想法或者疑惑带到新一轮的讨论中。

每位组长简单介绍刚刚本组讨论中的主要观点，并鼓励新来的伙伴将他们组的想法与他们刚刚各自讨论内容联系起来。大家注意互相倾听，在各自的构思上做更深入的思考。各组员把听到的新的有助于解决问题的好观点记录下来。

3. 第三轮讨论

所有人回到自己的小组，将收集到的意见与组员分享。

归纳整理出思维导图，准备展示。

4. 展示汇报

小组派代表带着自己小组的思维导图，汇报探究的结果。

【教师小结】

师：经过大家的热烈讨论，我们得出了结论：求实求真、坚毅执着以及对大自然的热爱与敬畏正是"法布尔精神"的精髓。如果这种精神能够唤起了我们关爱生我养我的大自然、敬畏生命哪怕是微小如昆虫的生命，我们的世界将会充满爱，我们的家园将会变得更美好；如果这种精神能够激励我们的学子耐住清贫和寂寞，在大师收获过的田野里耕耘，他将拾到价值连城的麦穗，其功德将善莫大焉。

【教学反思】

在实际的教学中，我们发现，学生其实是很喜欢说话的。这一方面与学生的年龄特点有关，另一方面也是学生企图打破沉闷的学习氛围的表现。与其让学生讲话，不如让学生参与到一个共同的话题的讨论之中，这样，不但可以聚拢人心，更能促进学生思考有意义的问题。本节课的教学模式就较好地抓住了这个特点，通过咖啡屋学习模式，让学生在一轮又一轮的讨论中进行思想的碰撞。此外，教师设计的研讨问题是层层深入的，首先是对课文内容的整体把握，然后再围绕几个核心问题，逐步深入探讨法布尔精神的内涵。这些问题可能学生个人是很难想通的，但学生在讨论的过程中，不断地互相质疑，对于最终的理解是有一定帮助的。

故乡[①]

【设计理念】

本案例采用了咖啡屋汇谈模式进行学习，符合新课标中学生自主学习的原则。咖啡屋模式意味着给每一位学生参与汇谈的机会，每个人的观点都能被听到。学生汇谈时候，讨论的都是重要问题，在交流合作中碰撞出思维的火花。一步一步靠着集体智慧，接近问题的实质，也调动了学生自己的智慧，慢慢学会解决问题。采用咖啡屋模式，课堂上学生与学生展开真正的对话，让学生做学习的主人。

《故乡》是鲁迅的一篇短篇小说。小说以"我"回故乡的活动为线索，写了"我"返乡后，看到家乡物是人非，在贫困的现实以及传统封建观念影响下，乡

---

① 本案例由广州市广东番禺中学附属学校胡婷婷老师提供。

亲们之间变得冷漠和有隔膜,"我"不禁为之伤感,表达了对家乡现实的强烈不满和创造新生活的愿望。

鲁迅是中国现代文学的奠基人。鲁迅的文字对社会问题的反映是比较深刻的,对人民思想的启蒙有着重要作用。正因其文章思想深刻,需要读者对鲁迅,对中国现当代历史有积累才能读懂。对于中学生来讲,他们的阅读思维还在形成中,对鲁迅生活的时代感到生疏,不少人会觉得鲁迅的文章生涩难懂,对其主旨的理解往往不够到位。老师只有搭建好支架,学生才能准确把握主旨。

这里老师采用混合文本的形式,给学生搭好学习的支架。采用混合文本,主要是看重混合文本中的"筛选信息并整合""解释""评价"的作用,帮助学生深读文学类作品。混合文本注意材料的分、合。分在各自的信息提炼、内容概括等扩展学生阅读的广度;合在以其中一篇作为纲领,在其他材料中找到依据,增加阅读的深度。老师采用了咖啡屋汇谈模式进行教学,结合混合文本形式,补充了合理的材料,希望学生发挥聪明才智,靠着集体力量,合作着探究《故乡》的主旨这一有意义的难题。

本案例《故乡》,总共设计了3课时的内容。其中,第一课时,采用了相对比较保守的方式,主要是扫除了字词障碍,理清整篇小说的情节;第二课时,通过对比,表演等形式完成了小说人物分析和人物刻画方法的学习;第三课时,采用咖啡屋汇谈的方式,进行小说主旨的探究。

【学情分析】

九年级的学生,对小说的赏析方法已经有了基本的积累。对人物形象,手法分析是比较熟悉的。他们对于作者真正要表达的思想,未必能理解到位,或者,即使看参考书,他们可能只会记住文章"表现了封建社会对人性摧残"的这样一句空泛的话语,不一定真正理解其意思。案例中采用咖啡屋汇谈模式,用足够的材料,并结合学生集体智慧,启发他们思考,拉近他们与文本的距离,这样学生才能真正领会文章的主旨。

【教学目标】

(1)了解作者的写作背景,把握小说情节。

(2) 分析神态、细节、对比等刻画人物的手法。（重点）

(3) 清楚小说的主题，并领会作者改造旧社会的强烈愿望。（难点）

【教学方法】

一、教学准备

多媒体课件、学生设计的本课的插图、课文的思维导图。

二、教学过程

（一）导入

关于鲁迅的童年，大家还有印象吗？《从百草园到三味书屋》中那荒芜的百草园是他的乐园，冬天时候，有个伙伴会教他捕鸟，他就是少年闰土。请大家回忆一下，小学时学过的少年闰土的形象。成年时候的闰土是什么状态呢？我们一起来学习《故乡》。

（二）整体感知主要文本《故乡》（第一课时）

1. 请同学们概括文章的情节

请学生用思维导图的形式，理清小说情节。

主要情节：见到故乡萧索，回乡卖屋，搬家——回忆与闰土的友情——见到"杨二嫂"和闰土——乘船离开故乡。

小说线索：回故乡——在故乡——离故乡三个方面。

老师小结：文章描写的是中年的"我"回到家乡，变卖房产，准备接至亲到城里生活，见到家乡萧条的景象，以及遇到了杨二嫂、闰土等亲朋，最后带着伤感和复杂的心情离开故乡。

2. 文章中的景物分析

远近横着几个萧索的荒村，没有一些活气。我所记得的故乡全不如此。

第二日早晨我到了我家的门口。瓦楞上许多枯草的断茎当风抖着，正在说明这老屋难免易主的原因。几房的本家大约已经搬走了，所以很寂静。

老师小结：一个字——"横"足以反映出故乡的败落以及"我"的悲凉的心境。

（三）人物形象分析（第二课时）

(1) 请学生找出文章描写杨二嫂、闰土的部分，把相关内容表演出来。

(2) 完成下面的表格，(结合具体写作手法) 分析两人的形象。

	年轻时的杨二嫂	中年杨二嫂
外貌	擦着白粉，颧骨没有这么高，嘴唇也没有这么薄。	脸色灰黄，很深的皱纹，头戴破毡帽，身穿极薄的棉衣，手又粗又笨而且开裂——饱经风霜。
动作语态	终日坐着，人称"豆腐西施"。	两手搭在髀间，没有系裙，张着两脚，正像一个画图仪器里细脚伶仃的圆规。
语言		"不认识了么？我还抱过你咧！" "忘了？这真是贵人眼高……" "阿呀呀，你放了道台了，还说不阔？你现在有三房姨太太；出门便是八抬的大轿，还说不阔？吓，什么都瞒不过我。" "阿呀阿呀，真是愈有钱，便愈是一毫不肯放松。"
生活状态	爱打扮，单纯，生活比较富有。	穷困，老丑而瘦；势利、刻薄；小偷小摸，没有道德。

	少年闰土	中年闰土
外貌	紫色圆脸，头戴小毡帽，颈套银项圈，红活圆实的手——健康、壮实。	脸色灰黄，很深的皱纹，头戴破毡帽，身穿极薄的棉衣，手又粗又笨而且开裂——饱经风霜。
动作语态	手捏钢叉向猹尽力刺去 很高兴 说话脱口而出 滔滔不绝——活泼机智。	现出欢喜和凄凉的神情，只是摇头，默默地吸烟，说话吞吞吐吐、断断续续——苦不堪言、麻木迟钝。
对"我"的态度	教我捕鸟，一起玩耍，不怕"我"，不到半日，便熟识了 告诉我许多稀奇事 分别时躲到厨房哭着不肯出门 送"我"贝壳和很好看的羽毛——建立了淳朴的友谊。	态度恭敬，称"我"为"老爷"——隔了一层可悲的厚障壁。

(续表)

	少年闰土	中年闰土
生活态度	热爱生活，农村生活知识丰富——无忧无虑，快乐纯真。	要一副香炉和烛台——悲苦无奈，寄希望于神灵。

(3) 探究：闰土叫"我"老爷，意味着什么？"我"为何会打寒噤？

关于（3）问题探究的补充材料：

（1912年）南京临时政府成立后，颁布了一系列"旧染污俗"的政令，推进社会风气的改良。与此同时，宋教仁、蔡元培等发起成立社会改良会，发表了宣言以及章程，力主"以人道主义去君权之专制，以科学知识去神权之迷信"，章程中把它具体化为三十六条：……十六、废跪拜之礼，以鞠躬、拱手代之；十七、废大人、老爷之称，以先生代之；二十六、戒除迎神、建醮、拜经以及诸迷信鬼神之习；二十七戒除供奉偶像牌位……

这三十六条设计"旧染污俗"的各个方面，概而言之，就是用人道主义和科学知识去替代那些相沿成习的、迷信的陋俗。就其本质而言，"旧染污俗"是对人性的压抑，而人道和科学则体现了人性的解放。

1912年3月2日，孙中山以大总统的名义发布命令："官厅为治事之机关，职员乃人民之公仆，本非特殊之阶级，何取非分之名称。查前清官厅，视官等之高下，有大人、老爷等名称，受之者增渐，施之者失体，义无取焉""嗣后各官厅人员相称，咸以官职；民间普通称呼则曰先生，曰君，不得再沿前清官厅恶称"称谓既是社会关系的产物，又是社会关系的表现。以"官职""先生""君"来替代"老爷""大人"之称，在当时的意义就在于用人格的平等来代替人格的不平等。它显示的是资产阶级自由、平等、博爱精神，对于封建主义不平等的否定。
——节选自陈旭麓《近代中国社会的新陈代谢》

老师小结：本文运用动作、细节描写，对比刻画了闰土、杨二嫂的形象。表现了"我"面对杨二嫂、闰土变得无做人道德，或者麻木而无限唏嘘的情形。

（四）咖啡屋模式汇谈，问题探究——《故乡》的主旨

这是《故乡》一课的难点，老师根据咖啡屋的流程和原则，让学生根据资

| 深度汇谈　智慧分享——世界咖啡屋教学实践指导 |

料进行讨论后总结本文的主旨。学生在轻松的氛围中，集合集体力量，交流探讨，把握文本重要观点，锻炼学生团队合作和语言表达能力。

1. 老师明确要探讨的问题，以及对解决问题的一些指导

本次讨论的问题设置为"《故乡》一文的主旨是什么"，这个问题符合咖啡屋核心原则之——讨论重要的问题。这个问题对于学生来说，有一定难度。为了帮学生解决好问题，老师给学生混合文本资料，组成了学习支架，降低学生解决问题的难度，也给学生指示了一定的方向。

整个资料内容，分为两大部分。第一部分是链接一和链接二，主要是关于《故乡》一课同时代乡村人和乡村的真实情况。链接一，主要是物质生活方面，链接二则是反映农村精神发展状况，这部分材料以史料为主，补充了《故乡》中没有提到的农村真实的生活背景。学生们通过链接一，可发现当时农村发展的情况及其原因。

材料第二部分内容则是作者创作文本的动机，以及他人对《故乡》的评价，涉及文学创作和评论，供学生借鉴，思考作者创作的主旨。希望启发学生从不同方面探究文本主旨。

附：学生得到的补充资料

第一部分　乡村以及乡亲们的生活状态

链接一：那个时代，农村人的生存状况

一、地主，富农的生存状况

孙钦亮（1874—1925），以糖业起家，广置田产达24000余亩，分布于县内外各地，其中县内18处；又于各处设田庄，代理收租；还兼营商业，在绍兴、杭州、宁波、上海设有商行，孙本人住上海，每年挥霍超过5万银洋。

——节选自《绍兴志》

民国沿袭清制，维护封建土地制度，土地兼并如故。据民国《上虞县新志稿》载："盖东乡大地主王蓣堂，人称'地老虎'，占有沙地12000亩、田2000多亩，年收租谷190余万斤。"王家有房屋144间，设自卫队，雇工和看马、管狗的佣人多达八九十人，收租用特制老秤和八叶风车等。民国22年（1933），绍

兴县政府调查，全县 242201 户，1146600 人，田、地、山、荡 3116685.2 亩。其中，占全县总户数 0.75% 的大户，占有 54.3% 的土地；无地户达 64.97%。

——节选自《绍兴志》

二、底层农民的生活状况

定租制，又称死租、硬租。佃农向地主租佃时，地主规定租额，不论年景好坏，不管灾害损失程度，均按固定租额交租，俗称"荒熟无让"。

佃农（最底层的农民）终年劳动，难求一饱。新昌县回山乡上市场等 8 村 473 户中，没有"年里饭"107 户，外出讨饭 20 户，住茅屋或无房可住 139 户，冬季没有棉被 27 户，鬻妻卖子 9 户。诸暨县枧北乡朱砂村 74 户，青黄不接时卖"青苗"的 54 户，有 35 户人家的 45 个亲生儿女被迫送到育婴堂或当童养媳。农民种田，越种越穷，债务越背越重，到了走投无路的境地。

——节选自《绍兴志》

民国三年（1914），上虞县夏盖湖（今崧厦镇一带）遭受旱涝灾害，早稻减产 70% 以上，农村经济本已凋敝，农民在饥饿线上挣扎，但地主催租急如星火。受辛亥革命影响的夏盖湖农民，与地主协商减租未成，当地农民陆阿福遂召集 2000 多人举行武装暴动，扣押地主俞阿勉，迫使地主按七五折减租。

——节选自《绍兴志》

绝对贫困线指的是年人均纯收入刚好达到维持基本生活所必需的最低费用。民国时期，20 世纪 20 年代，华洋义赈会在对江、浙、苏、皖四省区 5347 户农民的调查中，选定以 5 口之家年收入 150 元为农民维持最低生活的标准，这一标准可以视为华洋义赈会划定的绝对贫困线，而调查结果显示，大部分农民都生活在绝对贫困线以下。

——节选自王蓉《民国农民贫困问题初探》

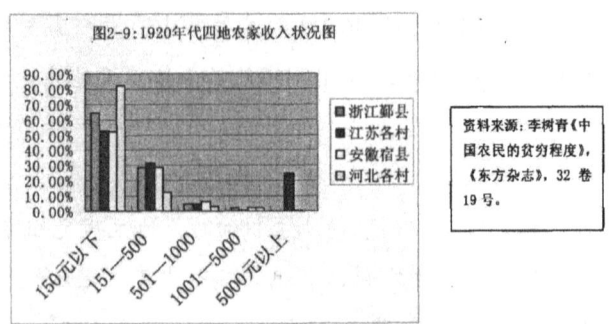

三、农村贫苦的原因

民国时期,造成农民贫困问题的原因,就其主要者而言,大致可以从政府、社会以及农民三个方面归纳如下几点:

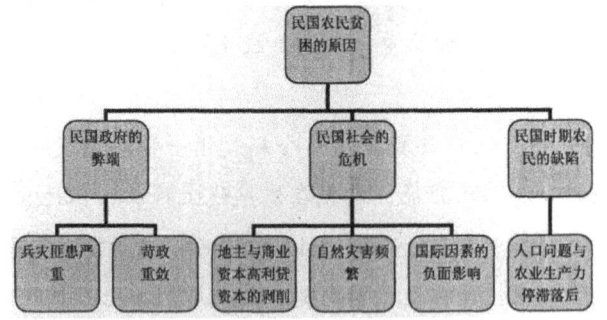

——节选自王蓉《民国农民贫困问题初探》

四、农民贫困生活状态带来的影响

民国时期,农民平均的普遍性及贫困的严重性,对于政府、社会以及农民都造成了重大影响,就其主要者而言,大致可以归纳如下:

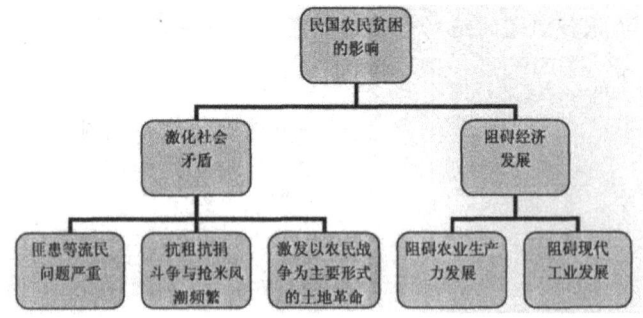

——选自王蓉《民国农民贫困问题初探》

链接二：那个年代，人们的思想观念变化状况举例

关于辛亥革命后，政府动员群众剪辫子

19世纪末20世纪初出，民主思想勃兴，留辫就成了效忠清王朝的标志，剪辫则往往与反清革命相系结，带有鲜明的排满意识，是革命的标志。

武昌起义后，各地革命党人即动员群众剪辫。1912年3月，南京临时政府大总统令内务部："兹查通都大邑，剪辫者已多。至偏乡僻壤，留辫者尚复不少。仰内务部通行各省都督，转谕所属地方，一体知悉。凡未去辫者，于令到之日，限二十日一律剪除净尽"……于是剪辫子成了一个社会潮流。

剪辫本身不会给社会生活带来多大影响，但在近代中国它显然又带有观念变革的意义。

——节选自陈旭麓《近代中国社会的新陈代谢》

鲁迅是辛亥革命的亲历者，他对辛亥革命有直观的感悟和见解。他的小说《阿Q正传》创作于1921年12月至1922年2月间，很大程度上是对辛亥革命前后中国社会的真实反映。在辛亥革命初期，国内外时局复杂，<u>许多人对新生的中华民国抱着一种观望的态度</u>，因此，对"辫子革命"也持怀疑甚至抵制。在政治夹缝中，盘起来的辫子就成了护身符。如赵秀才之类，他们一听说革命党人进城了，就迅速地随机应变，把辫子盘起来冒充革命党。这样既免于自己被革命，同时还能革人家的命。当时局发生变化时，盘起来的辫子放下来，便又成了清朝顺民。可以说，辫子成了中国政治的晴雨表。而广大民众并没有真正参与到辛亥革命中。辛亥革命后，普通民众的生存条件也没有发生根本变化。

没有得到民众理解和支持的辛亥革命不可能彻底。辛亥革命对广大农村而言，起过一定的微澜，但还有待持续。<u>这种继续更多的是要使国民的思想得到真正的觉醒。</u>

——节选自何成刚《史学阅读与微课设计〈中国近代史〉（上）》

民国时期，关中农民思想变迁的特征主要表现在：思想观念的分化，就表现在新旧观念的冲突上；思想观念的淡化，即有一些传统陋习，在社会的不断发展中逐渐淡出了人们的生活；思想观念的解构与重组，即在农民思想观念变

迁的过程中，有一些旧的观念发生解体，而在此基础上重新形成了一些新的观念。

尽管在社会的不断发展中，一些关中农民的新的思想观念已经逐渐的产生，但是要使得关中所有农民都放弃传统的思想观念，那将是一个特别艰难而且漫长的过程。

——节选自李欢妮《民国时期关中农民思想变迁研究》

【问题探究】

（1）从链接一的相关内容，我们可以看出，民国初年，农村人的物质生活状态是怎样的？

（2）从链接二材料看出，人们思想发展的速度是_____？所以农村人思想进步的速度是？推测农村发展的速度是？

（3）综上，我们可以推测出，"我"家乡和家乡人（闰土、杨二嫂）之所以有这样的生活，其原因是？

第二部分　关于作者创作《故乡》的动机，以及他人对文章的评价

链接三：鲁迅关于自己创作的一些描述

我那时对于"文学革命"，其实并没有怎样的热情。见过辛亥革命，见过二次革命，见过袁世凯称帝，张勋复辟，看来看去，就看得怀疑起来，于是失望，颓唐得很了。民族主义的文学家在今年的一种小报上说，"鲁迅多疑"，是你不错的，我正以为这批人们也并非真的民族主义文学者，变化正未可限量呢。不过我却又怀疑于自己的失望，因为我所见过的人们，事件，是有限得很的，这想头，就给了我提笔的力量。"绝望之为虚妄，正与希望相同。"既不是直接对于"文学革命"的热情，又为什么提笔的呢？想起来，大半到时为了热情者们的同感。这些战士，我想，虽在寂寞中，想头是不错的，也来喊几声助助威罢。首先，就是为此。自然，在这中间，也不免夹杂些将旧社会的病根暴露出来，催人留心，设法加以疗治的希望。但为达到这希望计，是必须与前驱者取同一的步调的，我于是删削些黑暗，装点些欢容，使作品比较的显出若干亮色，那就是后来结集起来的《呐喊》，一共有十四篇。

——鲁迅《我的创作发端》

自然，做起小说来，总不免自己有些主见的。例如，说到"为什么"做小说罢，我仍抱着十多年前的"启蒙主义"，以为必须是"为人生"，而且要改良这人生。我深恶先前的称小说为"闲书"，而且将"为艺术的艺术"，看作不过是"消闲"的新式的别号。所以我的取材，多采自病态社会的不幸的人们中，意思是在揭出病苦，引起疗救的注意。

——节选自陈漱渝《一生太平凡：鲁迅自述》

链接四：他人对于《故乡》一文的评价

《故乡》的主题应该在反封建这个大框架内。建国初期的中学语文教材也认为《故乡》主题为人与人之间的隔膜，对其阐释为："作者与闰土隔膜的悲哀，由这种悲哀引发他自己所属阶级的悲哀。这种悲哀也就是对不合理的社会制度的不满与反抗"。

——节选自吴投文《建国后沈从文对鲁迅的评价及其心态》

人物内在的心灵漂泊达到了一条"离去—归来—离去"的人生循环的曲线，深远的意境溢满了对往日情谊，运用素描手法，为我们描绘了一幅记忆中精神家园的美丽画卷，在如诗如画的景色中，孩童的纯真善良本性得到充分彰显。"一种寻找精神故乡的艰难旅程，而人的精神故乡即是人类企盼回归的终极所在，也是人安身立命的现实栖居。"

——节选自薛晴《精神故乡的藤蔓忧郁而悠长——鲁迅〈故乡〉细读》

《故乡》里分明有两个故事：他人"闰土"的故事与"我"自己的故事，两者互相渗透、影响，构成了一个"复调"。以往的阅读偏于注重闰土的命运及其意义；其实，作者的着力点反倒是在对"我"的精神历程的审视，对闰土的观照是包孕其内的！《故乡》更是一首心灵的诗。

——节选自钱理群《〈故乡〉——心灵的诗》）

【问题】

（1）思考钱理群的观点，"面对这样以往的阅读偏于注重闰土的命运及其意义；其实，作者的着力点反倒是在对'我'的精神历程的审视"，《故乡》一文，鲁迅表达了自己对故乡的什么情感？

_____

_____

（2）综合考虑，鲁迅自己写《故乡》的主要想法是？

_____

_____

2. 开展第一轮咖啡屋式讨论

（1）以班级的 6 人小组为单位，结合《故乡》原文，以及链接材料，试着回答链接材料附带的问题。

（2）每位同学积极参与讨论问题，聆听他人的发言，结合小组成果，形成的思维导图，讨论得出文章主旨。

3. 开展第二轮咖啡屋式讨论

（1）组组互动，组员们"漂流"到其他小组，去取经，了解别人的探究成果，桌长留在原位，向新朋友介绍上一轮讨论成果。

（2）成员互动，把本组内讨论的思想再与其他组成员分享，各个成员要记录，补充自己的成果。

4. 开展第三轮咖啡屋式讨论

（1）"漂流者"带着新的收获，回到自己最初的小组中，再交流，整理思路，完善最初的思维导图。

（2）小组推荐组员为总结发言准备。

（五）学生分享展示，带着思维导图，展示自己小组的成果

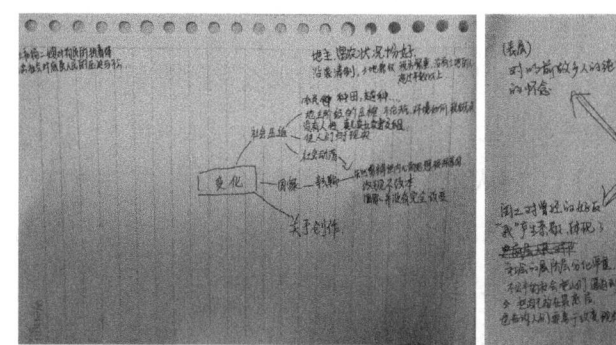
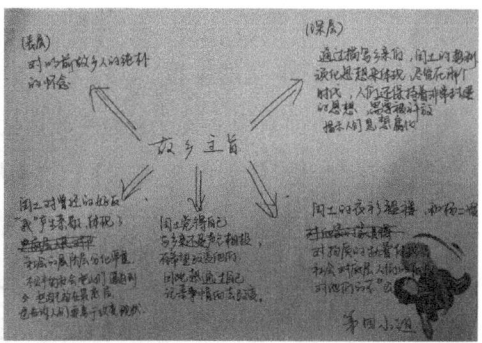
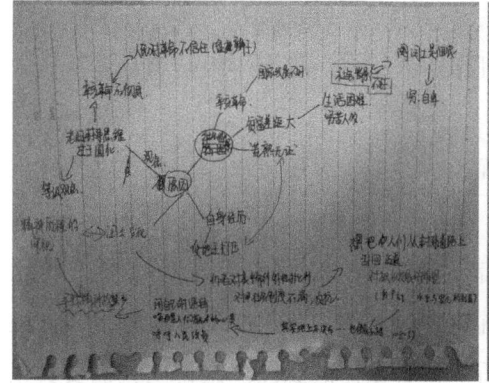
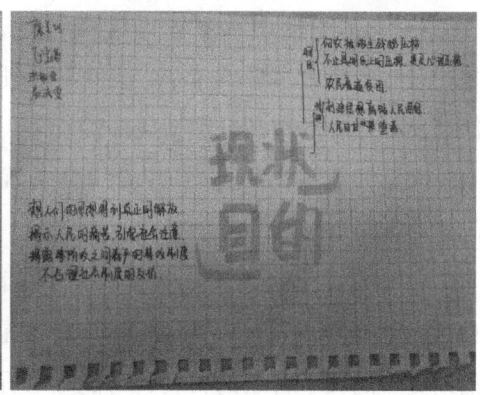
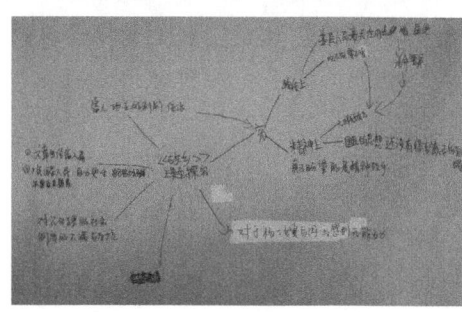
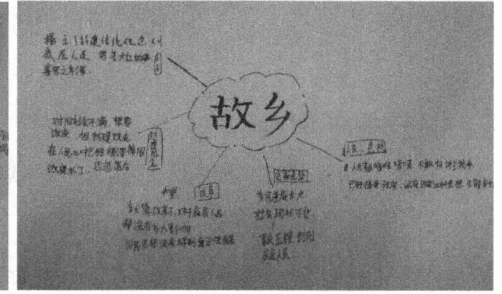

（六）师总结

1. 老师对学生在讨论以及汇报中的表现进行总结评价

（1）讨论中，同学们积极参与互动，认真思考。

（2）探讨时，有的同学的方向不太准确，他们只是对材料内容进行了概括。比如"链接一，是讲农村生活很穷困，他们很不容易，而且他们思想很落后，很愚

昧，就像闰土那样，没有发展起来"这样的说法，并没有将材料提升到新的高度。

2. 学习要点

（1）把握好本文的主旨。关于本文主旨，总结大家的观点我归结为两大方面，一些是从社会方面来说，我定义为"改造社会说"，另外，是关于"心灵故乡"说。

改造社会说：代表的观点是同学们认为《故乡》反映的是社会封建制度对人民的压迫，或者是人民对社会制度不满的反抗，也有人认为，鲁迅是希望国民思想觉醒，唤醒人们麻木的心灵，呼吁人们抛弃旧的封建思想。抑或是，提醒革命者，辛亥革命对封建思想的改变要彻底，才能真正改进社会。

"心灵故乡的追求"说：代表观点，一组认为对以前故乡的人的淳朴的怀念，对故乡未来发展的希望，寻找自己理想中的故乡。也有小组认为是：要让人保持美好淳朴的精神，塑造美好的心灵。

同学们能够从课文，时代背景等方面入手，多角度思考深入认识文本，成果闪耀着智慧。

（2）这篇小说收入《呐喊》集，作者是想借此，表达"为人生"，而且要改良这人生的目的。我们看到了一个具有深刻爱国情怀的鲁迅的形象。如果我们没借助更多的关于鲁迅的材料，可能难以看清作者创作的意图。这说明我们要真正深刻领悟文章思想，需要结合更多资料才能足够了解。这是给我们读书方法的启示。

【学生读后感作品选】

做生活中真的猛士——谈《故乡》给我的启发

九年5班　熊婉彤

鲁迅曾说过："真的猛士，敢于直面惨淡的人生，敢于正视淋漓的鲜血。"《故乡》一文中，鲁迅看到了家乡的腐朽和人民悲惨的生活，更看到了杨二嫂毫无道德底线的可悲以及闰土的麻木可怜。但他是一名"猛士"，他看到后，用他的笔记录了下来，把这"惨淡的人生"全无保留地揭示出来。让社会直面这个问题，直面这种悲哀。

我很欣赏鲁迅的这种做法。他直面困难，直面现实的精神令人佩服。

在现实生活中，其实我们也会有面对惨淡人生的时候，在生活中遇到挫折以及精神上的阻碍。比如今年年初，我们经历严峻的疫情考验。在这次疫情中，我宅在家，足足有三个月没有出门，而精神上的孤寂和心理的烦闷时时摧残着我，我甚至几次感觉到了精神崩溃的边缘。居家隔离时我的情绪波动厉害，带有消极情绪。我没选择逃避，而是正视它，面对它。我开始做一些深刻的自我剖析，了解烦躁的原因，我去尝试一些事情，如，听歌，看比较搞笑的视频，主动与家人聊天等方式来缓解我的不安。当我真找出情绪消极的原因时，我撕开它的包装，心是痛的。我想到当人站在自然面前，站在病痛面前时，会明白人是渺小的，生命是脆弱的。那对自然灾害的恐慌和无能为力，带给我了消极情绪。当我想到这些本来也躲不掉，也就只有面对现实、找寻办法。我的心释然了。我在直面痛苦和惨淡时，反而没那么可怕了。

做生活真正的猛士，从直面生活开始，而不是永远待在自己虚构的城堡中。敢于直面问题就是解决问题的开始。

谈《故乡》给我的感受

九年级5班　王怡

鲁迅是一个看清故乡现实仍然热爱故乡的人。在《从百草园到三味书屋》《少年闰土》中，我们看到鲁迅的小时故乡的生活是快乐的，令人向往的。可是他长大了再回到家乡卖房子，家乡的一切已经截然不同：景色荒凉，人情冷漠。让故乡变成这样，真正的原因是当时的社会经济和人们的脑中固化的封建思想。鲁迅作为一个弃医从文，想改变当时中国封建愚昧风气的人，看到这样的景象，他必然心痛，自己深爱着的地方变成了自己最讨厌的样子。可是鲁迅没有放弃他的故乡，他以自己的方式——写作，来尝试唤醒故乡的人。在看清现实的真相后仍然热爱故土。这是多深沉、执着、坚定的爱。他不放弃故乡，而是尝试去改变。对故乡寄予希望，让故乡更好。让故乡的人更好。这就是真的猛士。

就是他是猛士，以他一个人的力量也不足以改变这状况。在文末他写道："这正如地上的路；其实地上本没有路，走的人多了，也便成了路。"这里他在用委婉的方式告诉人们，"快醒醒吧"同时也是告诉和他自己一样的人，不要放弃这条道路。虽然那过程艰辛，但中国的未来是落后，或者是开放、平等的，就要靠更多人不懈努力和奋斗。

谈《故乡》给我的启发

九年级5班　伍晓彤

鲁迅并不忍心看到故乡变得如此落魄，在看到后代的小孩子们如此亲密，鲁迅似乎看到了一点希望，他认为这一代，还是有与自己一代人的生活不一样的地方。

我们看到走在时代前列的鲁迅身上那种勇于改变，懂得改变的精神品质。在混乱人群中逆流而行，不畏阻挡和羁绊。要促进社会发展，这种改变创新精神是需要的，然而具有这项品质的人在当时不多。青年人往往被人们寄托着希望。所以鲁迅要改变他们。我们要学习鲁迅在动荡社会保持自己独特而坚毅的观点，能准确，及时地看清时代变化，站在时代潮头，做领潮人，推动社会走向正确发展的方向。创造美好的社会需要我们共同努力，为发展付出自己的力量，争做时代先锋。

【教学反思】

本案例中的"世界咖啡屋"教学，主要是要解决《故乡》一课的主旨。

第一，利用"世界咖啡屋"教学搭支架，降低学生学习难度。

《故乡》的主旨，支架其实有两个，一个是混合文，一个是"世界咖啡屋"汇谈。

本案例混合文本中关于本文创作时代背景，以及创作动机等方面的知识，都是老师精心筛选的，材料真实生动，深度、广度兼备，是对《故乡》纯文学文本的很好扩充。这样也就为学生从不同角度认识《故乡》提供了最基础的依托，降低了学生学习的难度。

学生先阅读《故乡》及其相关资料，然后进行"世界咖啡屋"汇谈，这样的集体讨论、交流展示，充分凝聚了集体智慧。学生对文章主旨认识的广度、深度都增加了。

第二，增加课堂生成性，增加学生自主合作学习新鲜度。

经过汇谈后，学生对《故乡》主旨的理解是多角度的，生成了一些新的观点，让老师眼前一亮。

比如有小组得出"社会对底层人民的压迫,体现鲁迅希望腐朽的思想能够改变""辛亥革命对封建思想的改变不彻底"这样的观点,已经算是讨论到了问题的关键。更让老师惊喜的是,学生还结合学到的辛亥革命的历史知识,甚至联系鲁迅在《藤野先生》中对"清国留学生"的描述和自身弃医从文的原因,进行思考。他们对作者的认识更深刻了。这是课堂的惊喜,是学生通过两轮合作真正思考得出的东西。

传统教学方法,可能学生只记得老师说的一句"文章表达的是作者对封建思想对人们的毒害的批判"。而"世界咖啡屋"让学生思维灵活,他们的合作生成了很多有价值的观点,是老师备课都没有想到的。可见,"世界咖啡屋"对如何进行高效的合作课堂教学,提供了新的路径借鉴。

第七章

咖啡屋其他课程教学具体案例

第一节 咖啡屋心理课堂案例

我的学习风格[①]

【设计理念】

学会学习是学习者在学习化社会中必须具备的素质，学生的学习，是人类学习的特殊形式，它是有目的、有计划、有组织、有系统地在学校进行的，是以掌握系统的基础知识和技能，发展认识能力，形成科学的世界观和良好道德品质为主要任务。这种学习，时间集中，有专人指导，快速高效，不同于日常生活和工作中的学习。研究与事实表明，中小学生大量的心理问题，都与学习心理有关。学习心理辅导是学校心理健康教育的一个重要课题。

心理健康教育课是当前中小学有效开展心理健康教育的主要形式。心理健康教育课不同于一般学科，它不仅仅是知识的讲解，更强调学生的体验与感受。心理健康教育课是以体验活动为主，遵循活动性原则，注重体验和践行，在活动中

---

① 本案例由广州市番禺区市桥桥城中学江晓娜老师提供。

体验，在交流中领悟，从而促进学生良好心理素质的形成。

学习风格是学习者持续一贯的带有个性特征的学习方式，是学习策略和学习倾向的总和。学习策略是指学习者为完成学习任务或实现学习目标而采取的一系列步骤，其中某一特定步骤成为学习方法。学习倾向是个体在学习过程中会表现出的不同偏好，包括学习情绪、态度、动机、坚持性以及对学习环境、学习内容等方面的偏爱。

教师可以通过学生参与学习风格的分类结果，来确定学生的学习风格的类型。这为我们下一步因材施教提供了可靠的依据，有效地解决了学生个体差异的问题。因此，学习风格对于实践中的教学具有很强的指导意义。同时，学生进入中学后，学习环境发生了很大的变化，对于学生学习能力提出了新的要求，此时学生认识自己的学习风格并有效运用就显得尤为重要。传统的学习心理特别是学习风格的心理健康教育课课程设计缺乏活动内容，只停留在知识的传授或简单的测试上，学生感觉枯燥乏味，缺乏趣味性，因此，学生的参与性不高，更难发挥学生的主动性。世界咖啡屋特别强调探究、聆听和发现，尊重和鼓励每个学习者提出独到的见解和建议，这种方式给课堂提供了平等性和轻松感。通过参与者的走动交流，将各种思想进行连接，让参与者从对个人风格、学习方式和情感智商所有这些我们惯用的评判人的方式的关注中解放出来，使学生能够用新的视角来看世界，让学生进行深度的汇谈。产生更富于远见的洞察力，每个人可以在碰撞中对自己原来的想法和观念形成反思和收获，得到新的提升。将新式的交流方式引进中学课堂，集思广益、积极对话、凝聚集体的智慧，注重创新思维的开发与动手操作能力的培养。因此，本案例将世界咖啡屋引入初中学习风格心理课堂的设计与实施中，创设多感观、多渠道的体验，克服学习心理课堂教学的枯燥，让学习风格的探讨这一过程变得生动有趣。

【教学目标】

认知目标：了解自己的学习风格及特点。

情感目标：欣赏自己的学习风格并乐于在学习中有效运用。

能力目标：掌握有效运用学习风格的方法，并尝试在学习中运用。

【教学重难点】

如何有效运用自己的学习风格。

【教学方法】

一、教学准备

课件、ABC 卡片、彩色纸、油性笔。

二、教学对象

初一（七年级）学生。

三、教学过程

（一）导入：幸福拍 3

活动目的：营造轻松的氛围。

规则：每人轮流数数字。从 1 开始数，遇到 3 的倍数或者末尾带 3 的数字就不数出来，用手拍一下代替。

（二）设置情境，讨论风格

1. 我有我选择

任务：以下是一份需要识记的材料，请选择你喜欢的一种方式进行学习，并用 ABC 卡片代表你的选择。

A：看这段材料（小轩周末要做四件事情：①约好友去体育馆打篮球。②奶奶 60 大寿，小轩要去看奶奶，为奶奶祝寿并唱歌。③做语文和数学作业，语文作业是抄生词和默写，数学作业是关于锐角和钝角的题目。④去书店买漫画书和英语词典。）

B：听这段材料

C：画这段材料的关键词的图表

教师提问：你选择了哪种方式进行学习（识记）？我们来看看大家的选择情况。（通过 ABC 卡片的即时反馈，呈现全班的选择情况）

教师小结：刚才的识记过程就是我们平常学习的一个缩影，你选择不同的方式代表着不同的学习风格。每位同学都有自己喜欢的学习方式，这也就是我们所讲的每个人都有自己的学习风格。

2. 情境

小明和小新是学习上的竞争对手，两个人在英语学科的学习上呈现你追我赶的态势。小明喜欢通过多次阅读单词进行记忆，小新则喜欢听磁带记单词。最近的一次英语单词听写小测，小明的成绩高于小新，英语老师表扬小明并赞赏他的记忆方法。小新对这次小测成绩落败很是伤心，决定也学小明那样多读单词记单词。小新开始每天不断地读啊读，结果第二次的英语单词听写小测，他又一次落败。

（1）学生表演方式呈现情境。

（2）教师提问：小明为什么又一次落败？

点睛：学习风格各有特点。适合自己的学习方式才是最好的。

（三）学习风格小测试

（1）学生进行学习风格测试并统计分数。

（2）教师说明各种学习风格的特点。

视觉型学习者：善于通过接受视觉刺激来学习。喜欢通过看图片、图表、录像、影片等资料来接受信息、表达信息，他们通过观察会学到很多东西。

听觉型学习者：善于通过接受听觉刺激进行学习。喜欢讲授、讨论、听磁带录音这样的学习方式。

操作型学习者：擅长在一些操作、活动中学习并很好地消化学到的知识。喜欢用双手和整个身体运动进行学习，如做笔记、在课本上划线、亲自动手操作等，一直听或者看会让他们的效率大大降低。

（四）我 SHOW 你 SHOW

活动目的：本课的重点活动，教师根据咖啡屋的流程和核心原则，学生讨论和总结及分享不同学习风格的学习建议及找到适合自己的学习方式。学生通过走动、交流发表各自的见解，产生意见碰撞，激发出意想不到的创新点子，在讨论中寻求共识和火花。在创造集体的智慧过程中，既培养学生的创新思维精神和能

| 深度汇谈　智慧分享——世界咖啡屋教学实践指导 |

力,使教学向着更深层次的多向互动发展,又能锻炼学生合作的能力,促进学生在终生学习、团队合作、创新进取等方面能力的发展。

开展原则:明确世界咖啡屋的流程和礼仪。

任务:

(1) 讨论有效利用自身学习风格特点的学习建议。

(2) 讨论问题:结合自身实际讨论利用视觉型、听觉型、操作型学习风格特点的学习建议。

(3) 探索重要问题(第一轮探究),鼓励贡献,交流并连接不同观点,共同聆听其中的模式、见解及更深层的问题,收获和分享集体智慧。第一轮探究,在第一轮的指定座位,8人一桌。讨论问题轮流发言,写在大的彩色纸上,每个人都要写。

(4) 探索重要问题(第二轮探究),带着集体发现到别的组去贡献和深入探索。第二轮探究,细心观察、深入分析问题,从同类学习风格中找出不同的学习建议,在与别的组的讨论中找灵感,产生集体智慧。

(5) 探索重要问题(第三轮探究),带着集体发现回到最初的组去贡献和整理大的彩色纸,准备展示。第三轮探究,整理思路阶段,丰富完善大的彩色纸上的内容,讨论更加激烈。

(6) 学生分享展示。集体交流展示,收获和分享集体智慧。展示多张大的彩色纸,分享利用三种不同学习风格特点的学习建议。

(7) 教师小结补充。

视觉型:用图片来学习、涂鸦、画符号、画图表、地图、把艺术与其他学科结合起来、使用脑图、做想象的活动、看或制作你自己的录像带、运用模拟表演、运用先前组织好的东西或目标设定的图表、用色彩突出重点。

听觉型:与别人多讨论问题、演奏乐器、通过歌曲进行学习、通过参与或者听音乐会来进行学习、伴随音乐锻炼身体、大声朗诵、经常与别人讨论问题、用音乐来放松、通过默读、自述构建知识网络图、经常去问老师、同学问题。

操作型：用舞蹈、运动、演戏来学习、在自然学科和数学方面多动手、学习一个小时休息十分钟、把运动与所有的课程都结合起来、游泳或散步时在头脑中复习一下功课、利用写数字法集中注意力、尝试用学过的知识解释生活中的现象、用英语简单说几句在路上看到的事、自己编一些口诀来记忆。

（五）怦然心动

(1) 呈现故事：

苹果树下的例行散步

1884年春天，年轻的数学家阿道夫·赫维茨从哥廷根来到哥尼斯堡担任副教授。年龄还不到25岁，在函数论方面已有出色的研究成果。希尔伯特和闵可夫斯基很快就和他们的新老师建立了密切的关系。他们这三个年轻人每天下午准5点必定相会去苹果树下散步。希尔伯特后来回忆道："日复一日的散步中，我们全都埋头讨论当前数学的实际问题；相互交换我们对问题新近获得的理解，交流彼此的想法和研究计划。"在他们三人中，赫维茨有着广泛"坚实的基础知识，又经过很好的整理，"所以他是理所当然的带头人，并使其他两位心悦诚服。当时希尔伯特发现，这种学习方法比钻在昏暗的教室或图书馆里啃书本不知要好多少倍。这种例行的散步一直持续了整整八年半之久。以这种最悠然而有趣的学习方式，他们探索了数学的"每一个角落"，考察着数学世界的每一个王国，希尔伯特后来回忆道："那时从没有想到我们竟会把自己带到那么远！"三个人就这样"结成了终身的友谊"。

(2) 教师提问：故事告诉了我们什么？从中感受到了什么？

(3) 教师小结：学习风格可以是多样化的，只要能对我们自身的学习和工作产生正面影响，就是适合自己的风格。不同学习风格的学习者一起学习，可以碰撞出思维的火花，可以共享学习的乐趣！

（六）我的选择我喜欢

学生结合自身学习风格的特点和集体世界咖啡屋讨论成果，找到适合自己的学习方式。

（七）我的座右铭

学生用一句话简述自己的学习风格特点并制作"我的座右铭"卡片，自己保留或赠给他人。

（八）学习评价，感悟收获

1. 自我评价

本堂课的收获	
还有什么疑惑	

2. 小组评价（根据小组学习情况进行组内相互评价）

学习态度	参与讨论	课堂展示	学习效果
认真（ ）	积极（ ）	自信（ ）	优秀（ ）
良好（ ）	良好（ ）	良好（ ）	良好（ ）
一般（ ）	一般（ ）	一般（ ）	一般（ ）

【教学反思】

心理健康教育课尝试将心理体验活动与咖啡屋课堂相结合，使课堂更生动有趣。心理课堂注重学生的感悟和体验，而以往关于学习风格主题的设计，一般很难创设活动，让学生通过活动去体验和感悟学习风格的特点。因此，《我的学习风格》课例与教学设计，将咖啡屋的理念和形式引入课程设计中，精心设计有趣的学生活动，让学生在小组中充分发挥主体性，积极参与活动与讨论，在解决自身对学习风格认识的基础上，找到适合自己的学习方法。世界咖啡屋的《我的学习风格》心理健康课让更多的初中心理健康教育教师从枯燥无味的课堂中走出，启发他们将心理课堂变得更加有趣和更富实效，同时也能让更多的初一学生受益。

由于研究的过程中，学生的学习心理，特别是学习风格属于复杂的内部心理特征，每个学生的学习风格也各自特点，我们只能通过学生的反馈对他们的学习风格有更深的认识，很难以用实验班、对照班的学生的心理变化来说明《我的学习风格》的量化效果，所以关于学习风格心理健康实效性方面的测量尚需进行深入研究。

（九）学生部分成果展示

洞察世界我能行——观察力的培养[①]

【设计理念】

《中小学心理健康教育指导纲要（2012年修订）》中提出针对初中年级的教

---

① 本案例由广州市番禺区市桥桥城中学江晓娜老师提供。

育内容包括：适应中学阶段的学习环境和学习要求，培养正确的学习观念，发展学习能力，改善学习方法，提高学习效率，帮助学生建立良好的人际关系。

在初中阶段，学生的抽象逻辑思维与辩证逻辑思维迅速发展，抽象逻辑思维开始由经验型水平向理论型水平转化，但随着学习难度的增大和学习任务的加重，使学生"学习过程受阻"，甚至"对学习感到厌倦"。而观察是一个人认识事物的重要途径，是智力活动的基础，是完成学习任务的必备能力。随着初中人际关系的日渐复杂，人际关系问题比较突出，初中生需要识别交往过程的信息以及提高交往能力。而拥有洞察力能够看清楚事实，对事物作出准确判断，解决复杂、重要的事情。因此，培养洞察力对于初中学生的发展非常重要。

洞察力是一种透过现象看本质的能力，它是一种集观察、分析判断于一体的人类高级智慧。拥有洞察力的人可以更好地解决生活上重要的难题，可以让自己或别人更加幸福。

科学研究表明，人获取的各种信息中，来自眼睛的信息占83%，而其中相当一部分是通过观察获得的。没有观察，就无法获取大量、丰富的感性知识，从而无法进行深入的分析和判断，无法看清事物的本质。帮助学生提高观察力是提升他们洞察力的基础。

咖啡屋特别强调探究、聆听和发现，尊重和鼓励每个学习者提出独到的见解和建议，这种方式给课堂提供了平等性和轻松感。通过参与者的走动交流，将各种思想进行连接，让参与者从对个人风格、学习方式和情感智商所有这些我们惯用的评判人的方式的关注中解放出来，能够用新的视角来看世界。让学生进行深度的汇谈，每个人可以在碰撞中对自己原来的想法和观念形成反思和收获，得到新的提升。将咖啡屋引入初中生洞察力培养心理课堂的设计与实施中，旨在让学生体验观察的重要性，探寻提升观察力的方法，并通过学生在生活中不断地学习和历练，提高观察力，进而提升洞察力。

【教学目标】

认知目标：知道什么是洞察力、观察力；

情感目标：感受观察的乐趣；

能力目标：探讨提升观察力的方法。

【教学重难点】

激发学生培养观察力的兴趣。

【教学方法】

一、教学准备

心理图片、心理游戏、彩色卡纸、油性笔和课件。

二、教学对象

初一（七年级）学生。

三、教学过程

（一）第一阶段（团体热身阶段）：设置悬念，导入课题

出示情景图片，学生观察，回答情景中的问题并说明自己是如何得到答案的。

情境：小力外出旅游至今未回，父母收到一封信，里面有两张照片，一张是小力出门前拍的，一张是旅途中拍的，请仔细观察对比两张照片，指出哪张是先照的。

提问：你经过哪些步骤寻找到答案？

点睛：这种通过观察、对比、分析判断，最终得出答案的能力就是洞察力。为了提升洞察力，我们分别从观察力、分析判断力来进行训练。观察是洞察的第一步，因此本节课将与同学们一起进行观察力的训练。

人的观察力并非与生俱来，而是在学习中培养，在实践中锻炼起来的，养成良好的观察习惯能使我们更加智慧，思维更为敏锐。

（二）第二阶段（团体转换阶段）：观察训练，感受乐趣

以下有三组观察训练项目，请在规定时间内完成观察任务，并分享快速完成任务的方法。

（1）请仔细观察老师展示的三张扑克牌，30秒后老师将扑克牌背对同学们并打乱顺序，请同学们认真观察之后，回答老师提出的问题。

提问：从活动中领悟到的提升观察力的方法？

点睛：观察力培养Tips1：注重细节。

（2）仔细观察下图，指出其中不符合常理的一些情景。

点睛：观察力培养Tips2：观察时依靠丰富的经验知识。

（3）指出"有几张脸藏于图中"。

点睛：观察力培养 Tips3：观察时遵循"感知规律"。

（三）第三阶段（团体工作阶段）：提升观察力——我有妙招

活动目的：本课的重点活动，教师根据咖啡屋的流程和核心原则，引导学生讨论、总结，同时分享学习和生活中提升观察力的方法。学生通过走动、交流发表各自的见解，产生意见碰撞，激发出意想不到的创新点子，在讨论中寻求共识和火花。在创造集体的智慧过程中，既培养学生的创新思维精神和能力，使教学向着更深层次的多向互动发展，又能锻炼学生合作的能力，促进学生在终生学习、团队合作、创新进取等方面能力的发展。

开展原则：明确咖啡屋的流程和礼仪。

任务：

（1）讨论学习和生活中如何提升观察力的方法。

（2）讨论问题：学习和生活中如何提升观察力？

（3）探索重要问题（第一轮探究），鼓励贡献，交流并连接不同观点，共同聆听其中的模式、见解及更深层的问题，收获和分享集体智慧。第一轮探究，在第一轮的指定座位，8人一桌。讨论问题轮流发言，写在大的彩色纸上，每个人都贡献。

（4）探索重要问题（第二轮探究），带着集体发现到别的组去贡献和深入探索。第二轮探究，细心观察、深入分析问题，从学习和生活中寻找提升观察力的方法，在别的组讨论中找灵感，产生集体智慧。

（5）探索重要问题（第三轮探究），带着集体发现回到最初的组去贡献和整理大的彩色纸，准备展示。第三轮探究，整理思路阶段，丰富完善大的彩色纸上的内容，讨论更加激烈。

（6）学生分享展示。集体交流展示，收获和分享集体智慧。展示多张大的彩色纸，分享学习和生活中提升观察力的方法。

（7）教师小结补充。观察力并非与生俱来，而是在学习中培养，在实践中锻炼起来的，为了进行有效的观察，提升观察能力，在观察过程中我们需要集中注意力、有足够的耐心、善于运用多种感官和着力寻找关键信息。应注意以下几个方面：确定观察目的；制订观察计划；培养观察兴趣；掌握观察方法；拥有丰富的经验知识；遵循感知规律。

（四）第四阶段（团体结束阶段）：感悟收获，小组评价

1. 谈谈这节课的感悟和收获

结语：观察是智慧之泉。希望同学们能在生活和学习中实践提升观察力的方法。让我们记住"观察、观察、再观察"，要处处留心身边的日常事物，拥有一双善于观察的眼睛，它将使你获得知识，发现生活的真谛，提升洞察力。

2. 小组评价（根据小组学习情况进行组内相互评价）

学习态度	参与讨论	课堂展示	学习效果
认真（ ）	积极（ ）	自信（ ）	优秀（ ）
良好（ ）	良好（ ）	良好（ ）	良好（ ）
一般（ ）	一般（ ）	一般（ ）	一般（ ）

学习拓展

观察下面的图片并回答相应问题。

1. 看守鹿群的人藏身何处？

2. 在这人像中你还看见了什么？

| 第七章　咖啡屋其他课程教学具体案例 |

学生部分成果展示

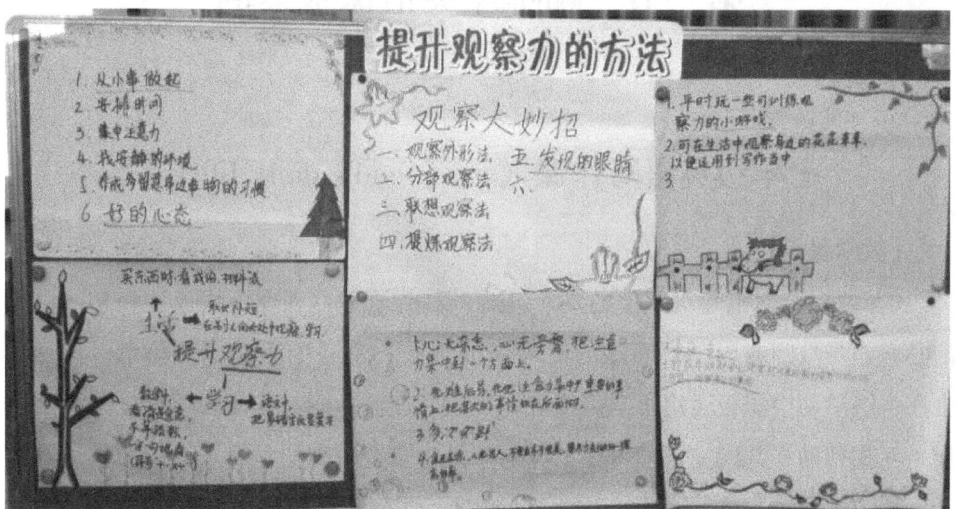

| 深度汇谈　智慧分享——世界咖啡屋教学实践指导 |

【教学反思】

本课将"世界咖啡屋"的理念和形式引入课程设计中,精心设计有趣的学生活动,让学生充满好奇,充分发挥他们的主体性。通过积极参与活动与讨论,感受观察的乐趣,发现学习和生活中提升观察力的方法,全面培养学生在学习和生活中的观察力和洞察力。

洞察力是一种集观察、分析判断于一身的人类高级智慧,观察力只是洞察力的一部分,因此我把这节课设计成两个课时,分别从观察和分析判断两个方面进行教学。再者,洞察力也是学习心理的一个组成部分。我教学工作的下一部分是尽可能全面系统地运用"世界咖啡屋"的理念与形式来设计完整的初中学习心理健康教育课,投入更多的时间与精力,提升理论与专业技能知识。

我认为,"世界咖啡屋"可以帮助更多的初中心理健康教育教师从枯燥无味的课堂中走出,启发他们让自己的学习心理课堂变得更加有趣和更富实效,同时也让更多的初一学生受益。

第二节　咖啡屋英语课堂案例

七年级英语写作课《my friend's daily life》[①]

【教学背景】

《新课标》对七年级学生的要求包括,对英语学习表现出积极性和初步的自信心;能与教师或同学就熟悉的话题(如学校、家庭生活)交流信息;鼓励学生在小组活动中积极运用所学英语进行表达和交流;能与其他同学积极配合和合作,互相帮助,共同完成学习任务。七年级学生有较高的学习英语的愿望,有与

---

① 本案例由广州市番禺区市桥桥兴中学吴影霞老师提供。

人交流的欲望，因此，在七年级英语教学当中进行"世界咖啡屋式"教学是可行的。

上海牛津版英语七年级英语上册 module 1 unit 2 的主题是 daily life。本单元的书面表达要求是介绍朋友的日常生活。这个话题比较贴近孩子们的生活，而且也比较个性化，孩子们有交流的愿望。七年级的学生刚刚进入中学，他们渴望了解班级其他同学，也乐于交新的朋友。通过第一单元的学习，他们已经学会了谈论自己的日常生活。在本单元的 reading 部分，关于日常生活的基本词汇和常用句型也基本掌握。这些，都为本节课的写作打下了较好的基础。所以在本单元的书面表达教学活动中，我们采用了咖啡屋式教学模式。

【教学活动设计】

Course Book：Shanghai Educational Publishing Press，Book 7A.

Title：Module 1 My life U2 daily life.

Writing：My friend's daily life.

Class Type：Writing .

Analysis on Learners：

Grade7 students just enter the middle school and they are eager to know more about other classmates and make new friends. They have learn to introduce themselves in unit 1，and they have learn to talk about their own daily life. Some writing skills is also practised after writing "my daily life" in the "reading" section of this unit. Meanwhile，They have known many words about how to describe daily life.

Teaching Content：Writing of Unit 2，module 1.

Language competence.

By the end of this class，the students are expected to：

1. To get the useful information by communicating with each other.

2. To write an article about daily life of their partners.

3. To evaluate writing according to a proper checklist.

4. To pay attention to some good sentences.

Thinking quality:

1. Develop students' ability of planning a short article.

2. Guide students to evaluate writing.

Emotional cognition:

1. Increase students' awareness to build a better relationship with their classmates.

2. Call on the students to be eager to cooperate and share daily with their partners.

Important Points:

1. To communicate with their partners and get useful information.

2. To write an article about daily life of their partners.

3. To learn some good sentences.

Difficult Points:

1. Students may make mistakes in writing when the subject is he/she.

2. Students may have difficulties in evaluating writing.

Learning Strategies:

1. Social communicative strategies: learn how to communicate with others.

2. Cooperation learning strategies: learn to get useful information by communication.

3. Individual learning strategies: write an article about daily life of their partners.

Teaching Aids:

An interactive – media platform、students' pictures、worksheets.

Methods:

The Task – based Approach, including communicative and cooperative method.

Grade: Class Seven, Grade Seven.

Time of Course: one period.

Teaching procedure.

一、导入

展示一些关于日常生活的图片，和学生交流他们的日常生活。目的在于复习学过的词汇，为写作的词汇应用打下铺垫。同时，图片用第三人称单数来提问，红色部分的字母，也在无声的提醒，让学生关注第三人称单数的问题。

归纳词汇，让学生按照日常生活早中晚的时间线索，把以上短语归类。

when do you usually do these things?

Before school : _____

At school: _____

After school : _____

gets up；has breakfast；does his homework；goes to school；plays the guitar
plays basketball；does some reading；goes to bed；has geography class；

本环节旨在帮助学生构建起日常行为的时间观念，进一步为写作做铺垫。

二、咖啡屋的交流活动之一：师生交流，生生交流，完成表格

让学生进行两两交流，根据表格互相提问，并把对方的相关信息填到表格里。提醒学生注意人称的变化。在学生互相交流前，先进行师生交流，通过老师问的方式，启发学生询问个人信息的常用句型。

Answer questions:

- 1. What time do you often get up?
- 2. How do you usually go to school?
- 3. What do you have for breakfast?
- 4. When do you have classes?
- 5. What is your favourite subject?
- 6. Why do you like it best?

Exchange information with your partner, and fill in the blanks.

1._____ gets up	9._____ after-school activity 10.sport _____ or music _____
2._____ has breakfast 3.has _____	11.from _____ to _____ does homework
4._____ goes to school 5.how _____	sometimes 12. relaxing way _____
6.from _____ to _____	7.has _____ classes 8.favourite subject _____	13._____ goes to bed

三、写作

请学生根据表格中的内容，写一篇短文介绍小伙伴的日常生活。在学生写作的过程中，提醒学生注意文章分段，使文章的结构清晰；并提醒学生注意审题，书面表达要谈论的要点要齐全；正确使用标点符号及表达要准确，学会模仿课本的句子。最后，提醒同学注意书写，美观的书写可以给文章增添色彩的。

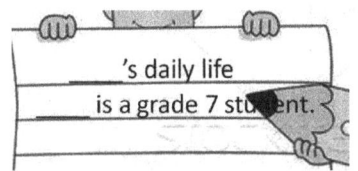

_____'s daily life
_____ is a grade 7 student.

四、咖啡屋的交流活动之二：分享作文并检查

完成写作后，学生两两交换，互相分享作文，画出好词好句，并圈出有错误的地方。

然后学生拿回自己的作文，看小伙伴的评价，并更正圈出错误的地方。

为了帮助学生辨别错误，老师把学生常犯的错误分成以下几种：格式错误；

单词拼写错误；名词错误；动词错误；形容词错误；人称代词错误；介词错误；中文式英语。

在评价对方的书面表达时，学生需要把错误的代号写下。

展示两篇学生的书面表达，检查学生找出错误的情况及更正能力，并与学生分享好词好句，让学生明确什么是好词好句。

五、咖啡屋的交流活动之三：分享好词好句

用咖啡屋的形式，让学生分享更多的好词好句。把学生分为 ABCD 四人一组。A 是组长，一直留在小组里不出去交流，BCD 同学去到其他组搜集好词好句。每次一句，回到自己小组后，把句子默写出来。这样的交流进行 3 轮，每次外出的同学都要到不同的小组，采集不同的句子。组长 A 整理小组成员收集的好词好句，把句子抄写下来并展示出来。

以下摘录几个学生采集到的好句：

I often go to school on foot.

My favourite subject is English, because our English teacher is very friendly to us.

When I am free, I often listen to music to relax myself.

I often do my homework as soon as I get home.

How lovely my classmates are!

六、总结

good writing, we must have:
1. good structure of article
2. accurate words and phrases
3. complete contents
4. beautiful handwriting

A better writing includes:
some good sentences

一篇好的书面表达，包括的基本要素有，划分段落，令文章结构有层次感，

| 深度汇谈　智慧分享——世界咖啡屋教学实践指导 |

正确地使用词汇，要点齐全，以及整洁的书写。最后，向学生强调，在写作过程中，适当使用好句，可以给文章加分。

本节课的写作主题是"my friend's daily life"。首先本课的学习目标，是希望学生能通过咖啡屋的教学模式，通过生生之间的交流，获取对方的有效信息，并写下文章介绍对方的日常生活。其次，为了呈现写作中常见的错误类型，让学生用咖啡屋汇谈的交流模式，在比较轻松的氛围中，对照检查作文，以此提高写作过程中正确使用词汇的意识，避免犯语法错误。最后，完成写作后，通过咖啡屋的交流方式，获取好句，以此增强学生对好句的意识，并拓展学生的句型。俗话说：一个苹果，交换后还是一个苹果。但是一个思想交换后，却得到了两个思想。咖啡屋的多次交流模式，能激发出孩子更多的奇思妙想，从而取得更优质的课堂效果。

【教学反思】

本节课是一节写作课，主题是介绍 my friend's daily life。教学目标是通过学生之间的交流，获取对方关于日常生活的信息，掌握基本的句型和回答方式，并用于书面表达之中，最后，通过咖啡屋的分享方式，让同学互相借鉴好词好句。教学过程分为写前，写中和写后。在写作的开始，通过图片的方式，激活关于日常生活的一些词汇，比如：get up、go to school、play basketball。然后展示表格，让学生根据表格，通过问答的方式获取同伴的信息，并写下来。再下一步就是让学生把对方的日常生活写下来，提醒学生注意使用第三人称单数。写后的任务有两个，一个是互改，一个是根据老师的分类方式，判别错误的类型。这个环节主要是想增强同学们对书面表达里语法意识。最后是采用咖啡屋的形式分享好词好句。从最后学生交上来的书面表达来看，同学们对基本的短语运用，对时态和第三人称做主语时谓语动词用单数等问题，还是掌握得比较好的。在咖啡屋的分享环节，同学们的好词好句分享也是让老师眼前一亮。

但是，也还存在一些要改进的地方。比如课前的导入占用了一部分时间，起初设计时，主要是为了对学过的短语进行复习，让他们熟悉表达校园日常生活的短语,并且让学生把这些短语按照三个时间段进行分类,但是因为指令不够清晰,学生不能及时领悟,导致这个环节推进比较慢。另外是在时间上,在咖啡屋分享交流环节,略显仓促。主要是在更正错误的环节,用的时间比较多,导致后面的时间要缩短,显得主次倒置了。

附:例文展示

Lily is my best friend. She is a hard – working students. Let me tell you her daily life on weekdays.

She often gets up at 6:30. She has breakfast at 7:00 and her mother usually makes breakfast for her. She goes to school on foot, because her home is near the school. She has eight classes from 7:30 to 17:10. Her favourite subject is history, because she can learn a lot about the world from the history class. She often do some running after school. It makes her feel relaxed. She often does her homework from 18:00. She always do some reading after finishing her homework. She often goes to bed at 22:00.

What a busy day she has!

评析:

本文能利用和同伴交流的信息,结合自己平时所学习的基本短语和句型来描述朋友一天的校园生活。时态和动词运用准确,对主语是第三人称的句子掌握得比较好,句式丰富,结构完整,文章流畅,是一篇优秀的范文。

英语周活动 [①]

一、设计理念

英语阅读课堂以阅读文本为主,阅读后相应拓展就是再次的阅读,又或者是笔头的写,或者是说,时间长了,学生对于阅读文本会失去兴趣,甚至对学习产生疲劳感,这样对我们的英语教学是不利的。因此,作为英语老师,我们要不断探索新的教学方式,让学生保持对英语学习的兴致,并让学生积极发挥他们的主

[①] 本案例由广州市番禺区市桥桥兴中学许淑仪老师提供。

观能动性，更多地利用各方面资源让他们乐于学习，善于学习，学会学习，并有可持续性的发展。

"世界咖啡屋"特别强调探究、聆听和发现，尊重和鼓励每个与学习者提出独到的见解和建议，这种方式给课堂提供了平等性和轻松感。通过参与者的走动交流，将各种思想进行连接，让参与者知识的获得和思维的拓展方面都获得极大的一个提升。

正是基于此，笔者把"世界咖啡屋"这种学习方式引入英语阅读教学中，让学生通过"世界咖啡屋"这种形式对所学知识（本课重点是对英语活动周的安排）进行讨论和交流，在多感观、多渠道的体验中加深对英语活动周学习的认识，并从同伴的相互学习中得以提升知识和拓展思维。

二、案例实录

【教学背景】

英语周活动可以促进学生英语学习的兴趣和积极性，而具体开展什么样的活动和怎么帮助学生提升英语学习，应根据学生认知水平和英语表达层次来确定。英语课堂引入"世界咖啡屋"教学可促使学生拓宽视野，吸收更多同伴的思维精髓，提升学生们的英语表达，进而有效提升英语教学水平。

【教学目标】

认知目标：认识了解英语周活动及对英语学习的影响。

情感目标：分享英语周的安排并乐于在学习中有效运用。

能力目标：掌握思维导图的绘画，并有效运用于英语周活动设计，并用英语口头表达。

【教学重难点】

如何让学生设计英语周的活动。

【教学方法】

任务型教学、合作学习、"世界咖啡屋"讨论。

【教学准备】

课件、彩色卡纸和油性笔。

【活动对象】

初二（8）学生。

【教学课时】

40 分钟。

【教学过程】

（一）视频导入：《英语才艺 show》视频

活动目的：唤醒学生对英语才艺节目的回忆，为本课的英语周学习和后面讨论做铺垫，同时营造轻松的学习氛围。

（二）课前研读，预测所学

活动目的：依据题目、图片、第一段猜测所学内容，对英语活动周有感性认识。

依据题目、图片、第一段猜测所学内容，引入下面要学习的英语周活动。

（三）整体、分段阅读，了解英语活动周相关活动，为后面讨论做铺垫。

活动目的：让学生通过文本的阅读，对英语周的活动有足够的了解，从而为下文的输出做铺垫。

1. 学生对课文进行整体阅读，让学生对文章主要内容有整体的感知和认识。

2. 学生对第 1－3 段进行阅读，了解英语周相关的活动。

3. 学生对第 4－6 段进行阅读，对 2 学生的采访，了解更多的英语周活动。

4. 学生对第 7 段进行阅读，对校长的演讲内容进行学习，了解更多促进英语学习的方式。

（四）英语周活动计划、讨论

活动目的：本课的重点活动，教师根据"世界咖啡屋"的流程和七项核心原则，学生讨论和总结及分享不同英语周活动的安排和设计，从而帮助学生提升对英语学习的兴趣以及从中找到适合自己的学习方式。学生通过走动、交流发表各自的见解，产生意见碰撞，激发出意想不到的创新点子，在讨论中寻求共识和火花。在创造集体的智慧过程中，既培养学生的创新思维精神和能力，使教学向着更深层次的多向互动发展，又能锻炼学生合作的能力，促进学生在终身学习、团队合作、创新进取等方面能力的发展。

开展原则：明确世界咖啡屋的流程和礼仪。

任务：

1. 讨论英语周活动的安排，画出思维导图，小组用英语表达出来。

2. 讨论问题：

结合我校实际讨论英语周活动如何安排和开展，对英语学习有何帮助。

3. 探索重要问题（第一轮探究）：组内交流，鼓励贡献，交流并连接不同观点，共同聆听其中的模式、见解及更深层的问题，收获和分享集体智慧。第一轮探究在第一轮的指定座位。4名学生一桌，组长主持，讨论问题轮流发言，写在大的彩色卡纸上。每个学生都贡献，说出英语周活动的安排，大家在倾听过程中吸收别人不同的想法和表达。

4. 探索重要问题（第二轮探究）：定向交流，带着集体的智慧到指定的组去贡献和深入探索。第二轮探究，细心观察、深入分析问题，从不同的同伴发言中得到启示，相互交流和学习，在别的组讨论中找到灵感，产生集体智慧。

5. 探索重要问题（第三轮探究）：组际交流（不定向交流），带着最新的更多的集体发现去到不指定的组去再次吸收和贡献自己的想法，达到思维的再次碰撞，更多地集合各组的精华，对英语周活动安排进行更深入的思考。

6. 探索重要问题（第四轮探究）：原组交流，各组员回到指定的组别，跟组长汇报各自吸收的精华，组长也分享其交流的成果和心得，并和组员整理大的彩色卡纸，完善思维导图，准备展示。第四轮探究，整理思路阶段，丰富完善大的彩色卡纸上对英语周活动的安排，讨论更加激烈，思维得以进一步的提升。

（五）小组展示，教师点拨

1. 小组学生分享展示。集体通过展示多张大的彩色卡纸，交流对英语周活动的认识，收获和分享集体智慧，台上台下学生通过展示分享进一步深入学习和了解英语周活动的安排，并从同伴的表达中学习更好的英语表达，达到了思维和学习的双丰收。

2. 教师小结补充。教师对学生们的表现进行小结，进一步使学生们了解本课的精华所在，加深对英语周活动安排的认识，并提升学生们的学习积极性。

（六）学习评价，感悟收获

A 自我评价：最大收获是＿＿＿＿＿＿＿＿＿＿＿＿＿＿＿＿＿＿＿＿

1 I can understand the passage. （我能读懂文章）	A. Excellent. （　　）	B. Good. （　　）	C. So so. （　　）

（续表）

2 I can use the key words and sentences. （我能用上关键词句表达）	A. Excellent. （　　）	B. Good. （　　）	C. So so. （　　）
3 I can listen to others carefully and try to learn more. （我能耐心倾听，努力学习更多知识）	A. Excellent. （　　）	B. Good. （　　）	C. So so. （　　）
4 I can share opinions on making a plan for an English Week. （我能跟同学分享有关英语周计划）	A. Excellent. （　　）	B. Good. （　　）	C. So so. （　　）

B 同伴评价（根据小组学习情况进行组内相互评价）：＿＿＿＿＿＿＿＿＿＿＿＿

1 Learning attitude（学习态度）	A. Excellent.（　　）	B. Good.（　　）	C. So so.（　　）
2 Discussion（参与讨论）	A. Excellent.（　　）	B. Good.（　　）	C. So so.（　　）
3 Presentation（课堂展示）	A. Excellent.（　　）	B. Good.（　　）	C. So so.（　　）
4 Learning effect（学习效果）	A. Excellent.（　　）	B. Good.（　　）	C. So so.（　　）

（七）学生部分成果展示

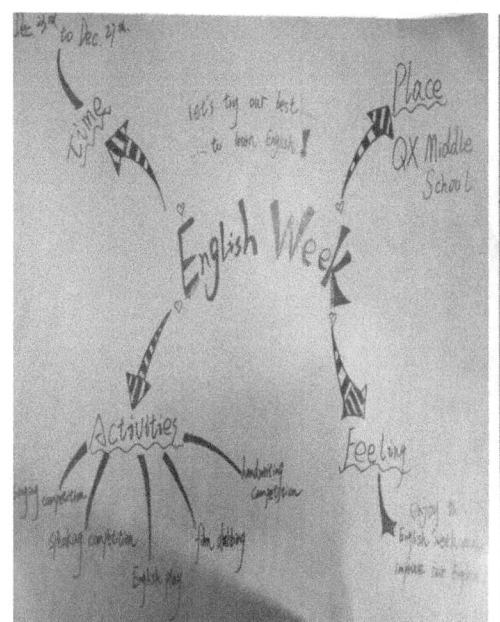
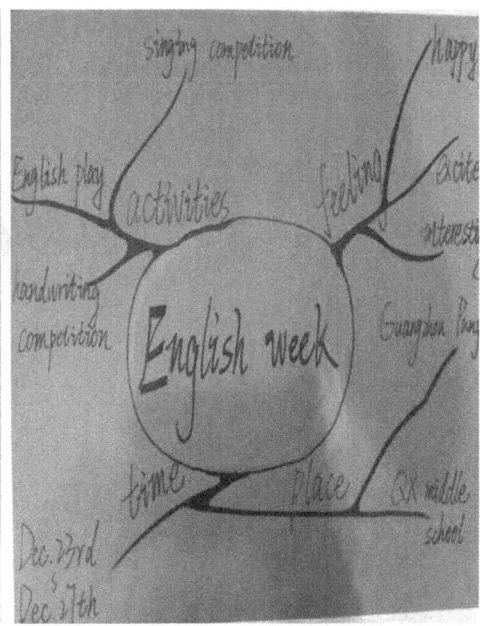
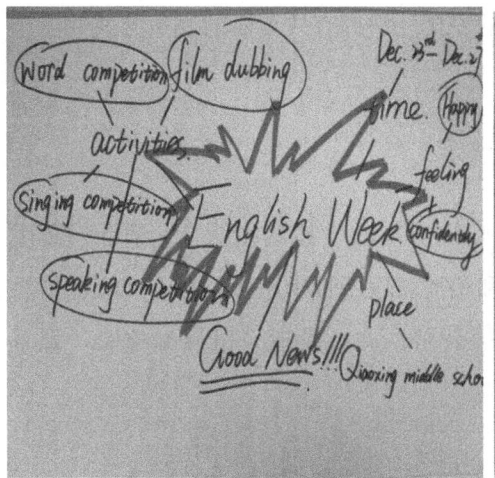
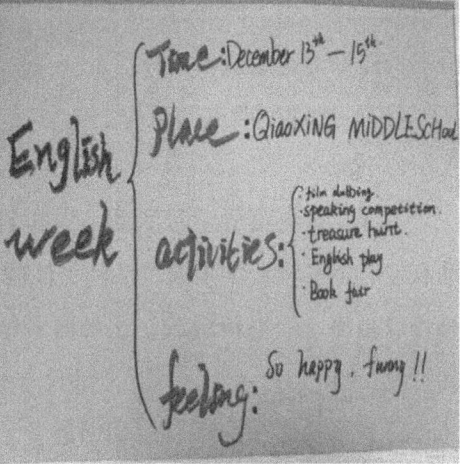

| 深度汇谈　智慧分享——世界咖啡屋教学实践指导 |

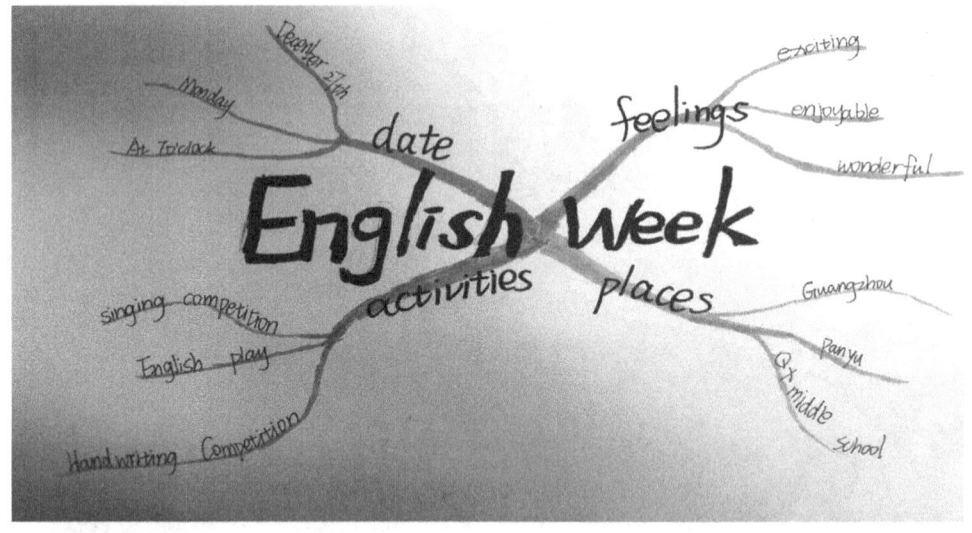

【案例反思】

《英语周活动》"世界咖啡屋"英语课堂案例通过活动体验、阅读体会、"世界咖啡屋"讨论学习、交流分享等教学方法，以"安排活动""分享方式"为主体活动，让学生了解并分享英语周活动的安排，掌握有效英语的表达方式并乐于分享，较好地达成教学目标。

（一）本课例收获与反思

1. 优势

本课尝试将英语学习活动与"世界咖啡屋"教学模式相结合，使课堂更生动有趣。本案例让学生通过活动去体验和感悟阅读所带来思考，在多元交流中思维得以碰撞，产生新想法，这是两者结合优势所在。发挥"世界咖啡屋"课堂的特点：

（1）激发学生集体智慧和创意

通过学生走动交流、深度汇谈将各种思想进行连接，使学生能用新视角来看问题，并产生更富于远见的洞察力。学生可从碰撞中对原想法和观念形成反思和收获，得到新提升。通过多轮激烈讨论，学生能在愉悦氛围中进行轻松学习，发挥集体智慧，使创意得以不断得到激发。

(2) 创新设计，效果明显

本案例在学生走动设计上进行了创新，安排了4轮不同层次的轮换，尤其是定向和不定向交流，这样既节约时间，符合在有限的英语课时内输入和输出的要求又使思想交流层次性的提升得到合理展示，积极能动性得以充分发挥，达到预期效果。

(3) 大量输入和输出，英语综合能力得以提升

利用"世界咖啡屋"这一形式开展学习，学生的语言输入输出量都较传统课堂更大，收获更多。这一点，从思维导图及口头输出可见一斑：一是内容丰富，能更多地与同伴讨论学习中获取知识，思维得以激发，学习能力得到极大提升；二是在同样的时间里，语言输入和输出量的增大，促使学生英语表达能力在多轮学习中不断地提升，英语综合能力得到很好的锻炼。

(4) 学生个人能力得以提升，总体素质得以锻炼

在交流学习中，全班各层次学生能力都能得到较好提升。成绩优秀者要求在多轮交流中积极向组员进行介绍输出，口语得以提升，组织能力、演讲能力得进一步提升；中层学生在多轮交流中通过聆听、表达，口头表达能力、思维能力也得到不断提高；学困生在多轮聆听和学习中也学习到了如何表达，且在轻松氛围中有了表达勇气和欲望，促使他们大胆表达，学习信心及效果得以提升。这一形式不仅新颖，也真正从内心激发学生热情，相互交流协作能力在课堂上表现得淋漓尽致。学生把学习所得毫无保留地分享、重组、合作、创新能力得以锻炼，总体素质得到很好的提升。

(5) 创新评价方式注入源源不断学习动力

学生在课堂上通过积极参与小组讨论学习，通过自我评价和同伴评价，从中获得自我价值肯定，并从同伴表现中吸收到学习精髓，在老师的尊重和信任、鼓励之下得到肯定以及赞赏，这一切为学生成长带来源源不断学习动力。

创新型课堂设计让学生得到发展同时，也让老师的教学更上一层楼，给听课老师带来前全新体验，给教学带来视觉上冲击和教学理念上的更新。

创新的教学得到听课专家和老师们充分肯定与认可，他们对这一教学模式所给予的高度评价促使任课老师在课题上作进一步研究，为教学提升作出更多努力。

（6）给英语教学带来引领示范作用

一轮一轮交流，问题具有导向性。这种交流方式凝聚集体智慧，注重创新思维开发与英语语言表达能力培养。因此，《英语周活动》课例与教学设计，"世界咖啡屋"的理念和形式引入课程设计中，精心设计有趣活动，充分发挥学生主体性。学生积极参与活动和讨论，从聆听、发表见解中学习和完善自己对英语周活动认识，更从中学习。"世界咖啡屋"的《英语周活动》案例启发老师们思考如何让英语课堂变得更有趣和富实效，让更多学生受益，这起到了很好的示范引领作用，带来了教学上的探索与思考。

（二）待继续探讨之处

（1）英语课堂既要输入又要输出，难给予更多时间进行讨论，如何巧妙安排内容及时间进行更有效教学，这对老师提出了更高的要求。老师在设计教学时要充分考虑教学实际每一环节（如小组轮换等），做到安排合理、有效及灵活，让学生在有限的时间里充分利用这一组织形式开展更深入讨论，让其思维火花碰撞得更激烈，收获更多。

（2）在英语教学中尤其是初中英语教学，笔者经不断实践和思考，认为英语教学中阅读、写作、语法、听说课型中凡涉及运用拓展的环节，都可借鉴"世界咖啡屋"的形式开展教学，让学生对相应问题进行研论，大胆发表见解，取人所长，从而提升自我学习能力，拓展思维能力，并促进教学相长。如何结合实际，如何具体开展，这值得不断深入研究。

第八章
咖啡屋教学研究的结论与反思

第一节　咖啡屋教学模式的研究成果

一、咖啡屋教学模式的重要观点

咖啡屋能够增强组织成员的交流，对提升组织成员的协作、创新等能力起着直接的作用，并且能够使组织利用群体的智慧创造性地解决问题。咖啡屋课堂符合当代的认知理论、自主性活动理论、新的课程改革理论。

本课题组成员在语文阅读、写作、心理课堂、英语课堂中尝试用世界咖啡屋的学习方式引导学生进行学习，强化学生在学习过程中的主体参与性，完善教学过程。各科的课堂中，都遵循世界咖啡屋课堂教学的四个原则：明确交流任务；创造宜人的环境、鼓励每个人的贡献；探究相关问题、融合不同的观点、洞察问题并加深对问题的理解；接受并分享共同的发现，形成集体智慧。

在实践中，课题组成员取得共识，认为课堂高效，深受学生的喜爱，效果较好，值得推广深化。明显的优势有：学生参与的主动性高；学生体验到深入的思考和讨论；有利于培养学生的发散性思维；有利于培养学生终身学习的能力，将深度的汇谈应用到家庭生活、社会交流当中；有利于培养学生真诚合作，创造集体智慧的能力等。

各学科实验研究的重要观点如下。

（一）开展语文阅读课研究的重要观点

将"世界咖啡屋"教学模式运用于阅读课，可以进行内容和阅读理解的共享。我们需要抓住有难度、有深度、要拓宽广度的文章来进行教学。

1. 情感丰富厚重，深沉含蓄的文章

如七年级下册第5课《秋天的怀念》，这篇文章的情感蕴含相当丰富，包含了多个层面。而要避免单从一个角度来空泛理解，就可以用"世界咖啡屋"的方式来教学。老师引导学生思考、讨论：本文唤起了你对母爱和生命的哪些感悟？通过对这个问题的几轮交流、讨论，让学生深化了对文章的理解，多个层面地体会到文章所要表达的思想感情。

2. 作品思想内涵丰富，又很适合做多元解读的文章

如《喂——出来》这篇文章，文章的主题比较丰富，既可以从环保的角度，也可以从人性的角度来理解文章的主题。采用"世界咖啡屋"的教学模式，学生从各个方面思考讨论，可以培养他们多角度地理解文章所反映的深刻主题。在此过程中，训练了学生通过显性信息挖掘隐性信息的能力，培养了学生的创新精神，有利于学生知识、能力、情感的发展。

3. 哲理较深奥，学生学习、运用起来有一定的难度的文章

如《记承天寺夜游》这篇文章，学生对"闲人"的理解有一定难度。此处可以运用"世界咖啡屋"教学方式，让学生谈谈对"闲人"的理解，来探究文人的心境。学生通过背景材料以及结合文本内容分析，知道了"闲人"的多重内涵：清闲之人、悠闲之人、闲雅之人、豁达乐之人、志同道合之人……体会到苏轼的恬淡、豁达、乐观、自豪、自嘲、感慨等多种情感。这种学习方式允许学生有自己的独特领悟，这样的课堂就厚实了，学生的理解就深刻、丰富了。采用

"世界咖啡屋"方式进行教学,对于聚焦目的、注意力与能量,以及增强学生的集体能力有着重要的作用。

再如戏剧创作,对于初中生来讲是极困难的。什么样的故事适合搬上舞台?怎样展现故事冲突、人物性格?怎样写出个性鲜明的戏剧语言?这些单个人无法完成的难度极大的任务,通过"世界咖啡屋"的多轮讨论,汇聚集体智慧,就可以做到。

4. 可以多个角度来理解主题的文章

如七年级下册第五单元蒲松龄写的《狼》这篇文章,可以从狼的角度和屠夫的角度来理解文章的主旨;再如七年级下册第五单元郑振铎写的《猫》这篇文章,可以从作者和猫的角度去探讨文章的主旨;等等。

5. 诗词分类鉴赏、阅读分享类教学

我们一般会在学生掌握了大量的诗歌之后,对这些诗歌进行归纳总结。为了在有限的时间成本中获取最大量的信息,我们选择用"世界咖啡屋"教学模式。每一组同学负责寻找某一类的诗词,从中概括总结出其一般规律,而这些规律可以被迁移到新诗的学习和鉴赏之中。

在阅读分享方面,"世界咖啡屋"教学模式可以用于小说的深度阅读探究之中。例如《红楼梦》这本小说,初中生阅读起来有很大的难度,而通过"世界咖啡屋"教学模式,同学们可以分享自己的阅读成果,这在很大程度上吸引了其他同学的阅读兴趣,能帮助其他同学深度理解小说内容。同时,不断深入的交流探讨,可使得同学们挖掘出《红楼梦》更深层次方面的东西,比如说小说所反映的社会现象、文化特点,作者的创作技巧,等等。

(二)开展语文作文课研究的重要观点

研究组一位教师研究的内容为咖啡屋式教学在初中语文写作教学中运用,她认为针对现在学生的应试作文存在的"假大空"现象,咖啡屋式的写作探究可以方式多变、互动多向,有效推进作文教学进程。她在《我爱我家》咖啡屋作

| 深度汇谈　智慧分享——世界咖啡屋教学实践指导 |

文指导课中发现同学对写作的热情重新被点燃，新的授课形式让孩子们耳目一新，学生在讨论中的观点非常好。例如，有学生发言，说写家庭成员的相亲相爱，让人感受到家的温暖，还可以写家庭教育的独到之处，让孩子健康快乐地成长，也可以写晚辈对长辈的孝顺，突出中华民族的传统美德，还可以从家庭成员忘我工作入手，写出他们在各自的职场上取得了不平凡的业绩，突出人的精神面貌，以及从家庭成员的爱好写起，写出人物的个性特点，等等。这些小组讨论选材丰富多样。甚至有些同学认为，不要固定在一个个具体"家"上，完全可以抛开"家"的固定含义，拓宽视野，突破常规，充分挖掘"家"的字面含义，将可爱的校园、美丽的家乡、温馨的集体、难舍的亲情、亲爱的祖国……纳入"家"的范畴，如此思维就更发散，思路就会更开阔。

另一位教师开展了小学语文咖啡屋的写作课堂研究，她们认为传统作文课的难处往往是不知如何把握指导的度，作文的精批细改往往劳而无功。班级中学生的作文水平两极分化。以《几个动物的童话故事》作文指导课为例，讨论前有些学生选择的动物比较单一，甚至会照搬经典童话故事中的内容到自己的写作中。但是，经过小组内讨论和两轮交换组讨论后，学生的写作从素材到情节逐渐打开思路，想象的空间不断扩大。学生的选材新颖、有创意，所写的童话灵感迸发，不断创新。她们在开展咖啡屋的写作课堂研究中发现：咖啡屋的作文教学模式比传统作文教学法更科学、有效，能把枯燥的作文课堂变得生动活泼，同时也加强了学生间的沟通，培养了良好的写作习惯，提高了课堂的效率，提高了学生的作文水平，还把教师从烦琐的作文教学和作文批改中解脱了出来，真正收到一举多得之效。

关于语文复习课，针对复习容量大，时间有限的情况，用咖啡屋的方式进行教学，不拘泥于一人、一个时代，以时间为经，空间为纬，做到经纬交织，纵横交错，将知识形成一个体系，使零散的知识点连缀起来，形成知识网，从而培养了学生"一叶落知天下秋"的敏锐感觉。这样充实了语文复习课堂，也增加了语文复习课的趣味性。

（三）开展心理课研究的重要观点

有教师开展了心理咖啡屋的课堂研究，撰写了《我的学习风格》课例与教学设计。她在实践中得出，在传统的学习中，有些课程设计缺乏活动，只停留在知识的传授或简单的测试，学生感觉枯燥乏味，缺乏趣味性，因此学生的参与性不高，更难说发挥学生的主动性。而将咖啡屋的理念和形式引入课程设计中，精心设计有趣的学生活动，可以让学生得以在小组中充分发挥主体性，积极参与活动与讨论，让课堂变得更加有趣和更富实效，同时也让更多的学生受益。以心理课《我的学习风格》为例，咖啡屋式讨论学习、交流分享等教学方法，理注重学生的感悟和体验。特别是在"我 SHOW 你 SHOW"讨论环节中，学生在充分交流中激发出意想不到的创新点子，纸上的内容丰富多彩，使讨论更加激烈。展示分享中，既能培养学生的创新思维，使教学向着更深层次的多向互动发展，又能锻炼学生合作的能力，促进学生在终生学习、团队合作、创新进取等方面能力的发展。

（四）开展英语课研究的重要观点

"世界咖啡屋"的教学模式可以应用在英语的阅读、语法、写作课和听说训练中，用于信息的交流和话题的拓展。比如在七年级下册 Unit2 的话题写作中，主题是介绍同学的个人情况，个性化的特点非常明显，学生也有交流的欲望，这种写作课便十分适合用"世界咖啡屋"的形式来上。七年级下册 Unit8 的主题是业余爱好，在听说训练中也可以用"世界咖啡屋"的教学模式。学生交流自己的爱好，并在交流中分享学生用得好的句型，不但可以促进学生相互交流，也可以发展学生的思维。

二、研究成果的创新点和先进性

（一）创新点

咖啡屋式教学是作为学习型组织最重要的交流工具，也是一种有效的集体对话方式，它通过营造好氛围，让有着不同经历，不同感受的同学围坐在一起，进行心无挂碍的交流和畅谈，让深藏的思想碰撞出火花，形成智慧。

本课题创新之处在于以下几方面：

（1）营造轻松的氛围，激发参与者的集体智慧和创意。

（2）特别强调探究、聆听和发现，尊重和鼓励每个参与学习者提出独到的见解，这种方式给课堂提供了平等性和轻松感。

（3）通过参与者的主动交流，将各种思想进行连接，使学生能够用新的视角来看问题，进行深度的汇谈，并产生更富于远见的洞察力。每个人都可以从碰撞中形成对自己原来想法和观念的反思，使自己得到新的提升。

（4）问题具有一定导向性。这种交流方式凝聚集体的智慧，注重创新思维的开发与动手操作能力的培养，是集体开发创造性思维的方式。咖啡屋课堂教学中，学生通过主动交流发表各自的见解，产生意见碰撞，激发出意想不到的创新点子，在讨论中寻求共识和火花。在创造集体的智慧过程中，既培养学生的创新思维精神和能力，使教学向着更深层次的多向互动发展，又能锻炼学生合作的能力，促进学生在终身学习、团队合作、创新进取等方面能力的发展。所以说世界咖啡屋的课堂学习方式是集体开发创造性思维的新的有效方式。

（二）先进性

开展课堂的咖啡屋实验研究，丰富了研究领域，探索出了咖啡屋课堂的应用原则。

在咖啡屋课堂中训练学生多角度去看待同一个问题，丰富了他们的认知和思考，有利于学生发散性思维的发展，使学生解决问题的能力得以提高，课堂的生成丰富多元。

设计出有力量的问题，对于增强学生的集体能力有着重要的作用，它将影响学生的终身学习。

1. 形成了咖啡屋教学模式前端分析系统

前端分析起源于计算机术语，主要是知识工程中的第一个阶段，涉及在开始设计的系统方案之前所提出的所有的问题，从而确定专家系统对于某项任务是否合适，是否具有可行性。前端分析是咖啡屋教学模式下最为重要的组成部分，教师要对于教学模式中的关键性要素进行有效分析，并明确教学过程中所存在的实际性问题以及具体的教学条件，从而有效确定教学设计的可行性以及必要性。还有学者指出，最具有价值的前端分析则是回归到课堂的三个原点：学生、学科、学习。因此咖啡屋教学模式，也主要是围绕着学生、学科、学习三个维度出发，合理进行深入的前端分析，着眼于教师的教学行为。

首先，学生分析是咖啡屋教学模式前端分析的核心内容，其教学模式的设计最终指向学生的学习，也就是说学生的前端分析是最为关键性的一部分。一方面，学生并不是一张白纸，在接受学校教育之前就已经接受到了家庭教育与社会教育。因此，教师在这个过程中要善于结合学生所处的教育环境及其所处的家庭背景，在此基础上设计合理的咖啡屋教学模式。另一方面，教师要根据人格发展理论进行分析。当前中小学生处于人生成长的关键阶段，容易出现懒惰心理，因此教师要善于结合学生的特点，设计具有层次性的咖啡屋教学模式。

其次，学生学习环境的分析也是教学前端分析的重要支撑。学习环境主要是影响到学生完成学业或者达到一定的学习目标的物理性因素、心理因素及社会因素的总和。一般而言，教师在进行学习环境分析时，往往会综合考虑学习开发环境及具体的学习实施环境，同时还要进一步考虑到学习的应用环境。本课题中，对学生学习环境的分析主要是围绕着以下三个方面展开：①学生是否对咖啡屋阅读环境感兴趣,其阅读设备是否满足阅读教学的需要;②教师自身的教学指导在整个阅读环境中的作用;③教师引领学生在咖啡屋教学模式中强化学生的主动性。

2. 形成了咖啡屋教学模式下读写活动的评价策略

教学评价是按照一定的教学目标进行的,是一个注重运用科学方法的评价方式,它对教学过程以及教学成效给予一定的价值评判,并为进一步更改教学以及提升教育教学质量提供可靠的参考。教学评价主要包括三个方面:评价者、评价对象及评价依据。评价者主要是教师,评价依据主要是评价标准,评价对象则是学生。在读写活动中,教师应当对学生整体的读写活动进行有效的评价,这样便于了解学生整体的读写成效。

处于咖啡屋教学模式下的读书活动的评价注重形成性评价,站在学生的角度上对于教师的教学及学生的自我发展进行多样化的评价。其中,学习的自我感,主要指学生在教师的引导下,构建起读写活动中所需要的学习经验,结合学生已经具备的知识经验,在读写活动中逐步深化对于自我的认识;学习的意义感,则是学生达到理解的水平,学生通过具体的读写活动,从中获得有效的读写方法与基本的思维方式;学习的效能感,就是说学生在学习的过程中不仅完成了阅读与写作教学的基本任务,同时也获得了属于自身的独特的情感体验。

咖啡屋教学活动中评价始终贯穿其中,无论是教学前、教学中还是教学后,都会积极展开读写活动评价。在课堂小组讨论即将结束的时候,教师要针对课堂效果、学生表现进行评价和总结。评价前,应按照"个人自评、小组自评、学生互评"的顺序进行,而后进行教师评价和总结。评价形式的多样化,能让学生在合作学习中获得信息反馈,学生通过反复对照,可以纠正自己不正确的行为,培养自主意识,增强合作精神。另外,我们还结合学生的具体表现设计了咖啡屋学习过程评价表、咖啡屋课堂评价表、学生思维导图评价表、学生成果展示汇报评价表,确保课堂评价的完整性。

3. 在咖啡屋教学模式中进行了动态对话

动态对话主要是学生与他人所产生的联系,自觉地倾听他人的意见指出他人的错误，注重在交流活动中总结经验教训。真正的对话往往产生于两人的交互式问答活动中，并在不同的见解以及相互补充中深入挖掘问题。而且在这种生动活跃的对话中，会产生全新的思路，从而以其不可预见的方式，持续不断地提出与深入挖掘问题。在动态的对话活动中，应当遵循一定的对话准则，在交流活动中，唯有让学生全身心地融入，这一过程才会产生积极的意义。

学生在评价能力上往往具有片面性与主观性，再加上自身知识背景与家庭背景的差异，往往会促使他们对不同的问题产生不同的思考，出现不同的见解。在动态交流活动中，学生之间的相互评价会促使自身的阅读理解更加趋于完善，同时学生在相互进行质疑、肯定与否定的过程中，能有效扩展自己的思维，纠正自己错误的部分。

三、研究成果的学术价值、应用价值

（一）学术价值

课题组成员在咖啡屋教学模式的指导下积极进行课堂教学实践，通过实验班和对照班的对比，为咖啡屋教学的应用奠定数据基础，并为后续咖啡屋教学模式的应用设计提供支持。咖啡屋教学模式现应用于8所中学、5所小学，涉及散文、小说、文言文、戏剧等多类型课堂，涵盖实用文本到非连续性文本、多元文本和混合文本课堂教学，并由语文教学拓展到数学、心理、英语等学科教学，并依托课堂实践和实验结果撰写教学案例34个，学术论文多篇，同时积累了丰富的研究成果。课题研究对素质教育背景下的学科改革有重要参考作用，众多成果也为后续研究者提供了有效支撑。

（二）应用价值

咖啡屋教学模式在众多学科中的实践应用突显了其优势，即能使学生在多轮多视角讨论过程中创新性解决问题；能发展学生的创新和发散思维，使学生的思维向更深更广的领域发展；能帮助学生养成良好的团队协作意识和能力，使学生形成创新的习惯；能培养学生自主学习能力，并为后续的继续学习奠定坚实的基础。

咖啡屋教学模式的推广、应用，从一个学校的语文课堂辐射到十几所学校，从普通中学拓展到重点中学，从城市学校延伸到农村学校，实现了课题从市级向省级和国家级的转变。在推广运用中，帮助教师改变了教学观念，提升了教学理论，促使教师不断反思自己的教育教学行为，站在更高的层次去认识教育教学。咖啡屋教学模式的实验研究、应用，大大推动了我校、我区教研、教学的发展。

咖啡屋教学模式的多轮式多角度讨论能使学生充分表达自己的观点，并在表达观点的同时实现思维碰撞，进而形成意想不到的新思路。学生在讨论中寻求共识，在集体协作的创造中共同进步，有助于终身学习习惯的形成与持续，因此具有较大的实践意义和推广价值。

第二节　咖啡屋教学模式的研究反思

一、存在的问题

有些课程很难用实验班、对照班的学生的数据来说明量化效果，所以评价方面尚需深入研究。

全面系统地运用咖啡屋的理念与形式来设计完整的学科课程，还需要投入更多的时间与精力，提升理论学习与专业技能学习。

咖啡屋教学模式中如何调动所有学生的学习积极性，让他们参与其中，投入其中，还有待继续深入研究。

二、展望

咖啡屋课堂的优势很多，对培养学生多角度看问题，培养学生解决问题的良好习惯和能力，让学生学会尊重、聆听，在真诚交流中产生思维碰撞，迸发出创造的火花，分享和收获集体的智慧等将大有裨益，值得大家继续深入研究与拓展延伸。比如，推广到更多的学科，或者把某一个学科的内容设计成比较系统的咖啡屋课堂案例，或者进行更为深入的世界咖啡屋课堂的评价研究等。

人们对共同思考和共同建立个人连接获取集体智慧的方式满怀希望。每个人的内心都渴望真诚交流，共同创造集体智慧。让我们带着学生，一起在咖啡屋课堂里，积极贡献智慧，彼此交流，用心聆听，经历更深层的思考，让思想的火花碰撞出新的智慧吧。

附1 咖啡屋教学调查问卷

亲爱的同学们：

为全面了解同学们对咖啡屋教学小组学习的看法，我们设计了这份调查问卷，请同学们根据自己的看法如实作答。您的回答仅作研究之用，希望您能认真完成本问卷。非常感谢您的支持与合作！请在相应选项中打√或者在横线上填写答案。谢谢合作！

1. 你的性别：_____

男

女

2. 你所在的年级_____

五年级

六年级

七年级

八年级

3. 你在中学班级里的学习情况属于？_____

优秀

中等

不太好

4. 你觉得一个小组几个人合适_____

3—4个人

5—6 个人

8—9 个人

5. 你在班级里的性格属于？_____

偏外向

偏内向

6. 你对咖啡屋学习方式的感受是？_____

比较喜欢

一般

不喜欢

7. 你对现在的小组成员的组合满意吗？为什么？

_____

_____

8. 你愿意和谁分在同一个小组？_____

A. 学习成绩相近的

B. 学习成绩有差异

C. 性格外向

D. 性格内向

E. 无所谓

为什么？

_____

_____

9. 你认为每次小组合作学习讨论的问题价值如何？_____

有价值

有时有有时没有

没有价值

10 进行咖啡屋学习之前，你有对问题进行独立思考吗？_____

没有深入思考

经过认真全面思考，形成自己的见解

只是等待其他同学的思考成果

11. 在咖啡屋学习的过程中，你经常发表自己的观点吗？_____

经常

偶尔

几乎都是听别人讲

12. 你是否认真倾听每一个组员的发言？_____

很认真

较认真

不太认真

13. 通过倾听各位同伴的观点，是否会加深自己对知识的理解？_____

经常

偶尔

不会

14. 你怎样在组中解决自己的疑问？_____

大胆向全体组员提出

记录下来自己解决

不了了之

15. 在小组交流中你是否只顾展现自己，而忽略倾听他人的见解吗？_____

是

不是

16. 你感觉自己的学习能力提高了吗？_____

提高较大

有提高

没有提高

17. 你有帮助过别人的体验吗？_____

没有

偶尔有

经常有

18. 与之前相比，你感觉你的表达能力提高了吗？_____

提高较大

有提高

没有提高

19. 小组讨论过后有觉得自己收获很多吗？_____

对问题掌握很清楚，经常有收获

偶尔

纯属浪费时间，一点收获都没有

20. 你会觉得课堂中开展咖啡屋教学一定程度上是对课堂时间的浪费吗？_____

不会

偶尔会

经常会

21. 课堂中如果老师频繁使用咖啡屋教学方式，你认为对你的学习有何影响？_____

会促进我的学习

无影响

会影响我的学习

22. 在小组合作中，对下面哪种情况你觉得不满意？可以补充其他情况_____

每次时间太短

有同学说闲话，不参与交流讨论

一节课用好几次，浪费时间

其他_____

23. 如果让你给你们课堂小组学习情况打一个等级，你认为是：_____

优秀

良好

较差

24. 你认为课堂中的小组学习，影响学习的因素有哪些？

_____
_____
_____

25. 你认为小组合作学习有效的关键原因在什么地方？

_____
_____
_____

26. 小组成员展示的机会均等吗？

均等

不均等

为什么？

_____
_____

27. 你觉得怎样展示小组学习成果最有效？

_____
_____

28. 你觉得如何来评价一个小组的学习效果？

_____
_____

29. 你对咖啡屋教学有什么想法或者建议？

_____
_____

附2 咖啡屋学习过程评价表

第____桌

填表说明:

桌长的表现按 A、B、C 三个等级来评价。

A 级:优秀

B 级:较好

C 级:一般

1. 桌长自评表

桌长自评表				
引导本桌同学积极参与讨论	紧扣问题,组织材料,核心发言内容准确	语言简洁,表述清晰明确	客观公正地评价本桌成员的参与度	等级

2. 小组成员对桌长的评价表

桌长自评表				
引导本桌同学积极参与讨论	紧扣问题,组织材料,核心发言内容准确	语言简洁,表述清晰明确	客观公正地评价本桌成员的参与度	等级

3. 其他同学讨论参与度等级评价表

填表说明：

每位同学的参与程度按 A、B、C 三个等级来评价。

A 级：能够用心倾听其他同学的发言。大胆流利地表达自己的看法。对别人的发言予以适当的评价。

B 级：能够用心倾听其他同学的发言。大胆流利地表达自己的看法。

C 级：能够用心倾听其他同学的发言。

姓名	自我评价	桌长评价	教师评价

|附3 咖啡屋思维导图评价表|

组别	1	2	3	4	5	6	7	8	9	10	11	12
1. 内容符合要求，核心正确，紧扣问题。(20分)												
2. 语言简洁，用关键词表达本组观点，词语使用正确、得当。(20分)												
3. 格式正确，能按照思维导图的格式。(20分)												
4. 条理清晰，层次分明，可以一目了然。(10分)												
5. 思维开阔、有深度和广度，观点新颖且恰当，能多角度思考。(20分)												
6. 书写整洁，无涂改，比例分配均匀。保持纸张的美观。(10分)												
总分												

附4 咖啡屋学生汇报展示评价表

小组	1	2	3	4	5	6	7	8	9	10	11	12
1. 声音响亮，吐字清晰（10分）												
2. 仪表得体，面貌精神（10分）												
3. 每名组员都要参与汇报（10分）												
4. 汇报条理清晰，有理有据（20分）												
5. 汇报内容突出中心（20分）												
6. 内容新颖，不与其他组重复（20分）												
7. 小组汇报时要明确分工，各负其责（10分）												
总分												

附5 咖啡屋课堂评价表

授课教师		课题					听课人	
授课科目							听课日期	
授课班级							听课节数	
评价指标	表现好的例证		优秀	良好	一般	较差	表现差的例证	
教学目标	教学目标恰当、明确		10	8	7	5	教学目标不明确、不恰当	
教学内容	1. 教学重点突出		10	8	7	5	1. 教学内容偏离重点	
	2. 教学难点把握准确						2. 教学内容回避难点	
	3. 教学内容深刻						3. 内容过于浅显	
咖啡屋教学方法	1. 环境布置温馨，适合深入讨论		20	16	14	10	1. 环境布置不适合学生讨论	
	2. "咖啡屋桌长"能有效组织讨论						2. "桌长"组织讨论不力	
	3. 咖啡屋教学过程注重启发探究						3. 讨论不重视启发探究	
	4. 学生在讨论中积极投入						4. 讨论中学生不积极不投入	
	5. 学生能获得及时有效的反馈						5. 学生不能获得及时有效的反馈	
	6. 多轮讨论后学生能形成发言大纲、思维导图						6. 多轮讨论后学生没有发言大纲	
教学手段	1. 教师引导性语言准确到位		10	8	7	5	1. 教师指导语言混乱	
	2. 教师板书设计美观规范						2. 板书设计凌乱	
	3. 教师多媒体运用恰当						3. 多媒体使用不当	
教学态度	1. 教师课堂热情投入		10	8	7	5	1. 教师教学不投入，不热情	
	2. 教师能关心、鼓励学生						2. 教师对学生关注不够	
学生参与	1. 学生能独立思考		20	16	14	10	1. 教师满堂灌	
	2. 所有学生有机会发表自己的见解						2. 个别学生不发言	
	3. 学生能够质疑或提问						3. 学生无质疑、提问	
	4. 学生有充分展示的机会						4. 学生展示不足	

(续表)

评价指标	表现好的例证	优秀	良好	一般	较差	表现差的例证
课堂表现	1. 课堂气氛活跃	20	16	14	10	1. 课堂沉闷
	2. 师生关系融洽					2. 教师权威
	3. 学生之间互动充分					3. 学生之间缺少互动
	4. 发言提纲（思维导图）逻辑清晰					4. 学生发言大纲逻辑混乱
	5. 学生口头展示清晰流畅					5. 学生展示口头表达效果差
	6. 问题解决的结果有创新之处					6. 问题解决没有创新之处
评价结果	得分	等级	优秀（85—100）	良好（75—84）	一般（60—74）	较差（50—59）
教学亮点						
改进意见						

参考文献

[1] 朱安妮塔·布朗, 戴维·伊萨克. 世界咖啡——创造集体智慧的汇谈方法[M]. 汤素素, 金沙浪, 译. 北京: 电子工业出版社, 2015.

[2] 上海市静安区教育学院附属学校. 后"茶馆式"教学的实践指导[M]. 上海: 上海教育出版社, 2016.

[3] 傅强, 冯宗智. 品尝变革: 学习型组织的建设可以从世界咖啡屋开始[M]. 北京: 机械工出版社, 2017.

[4] 李猛. 思维导图大全集[M]. 北京: 中国华侨出版社, 2018.

[5] 王希愚. 初中作文一体化学习指导[M]. 广州: 广东教育出版社, 2012.

[6] 林华媛. 咖啡屋教学模式在小学作文教学中的应用[J]. 当代教研论丛, 2017 (11).

[7] 聂勇. 世界咖啡屋在初中语文阅读教学中的应用[J]. 语文月刊, 2017 (3).

[8] 房明珍. 从写作素材视角谈初中作文教学的优化探析[J]. 作文成功之路(中旬), 2017 (5).

[9] 高玉萍. 利用微课创新初中作文教学的基本规律和有效方法研究[J]. 新教育时代电子杂志(教师版), 2017 (8).

[10] 夏艳霞. 层递式教学在初中语文作文教学中的运用研究[J]. 中国校外教育(中旬刊), 2017 (1).

[11] 刘本玲, 郝兆青. 知识经济时代的教育改革——世界咖啡屋在大学教

学中的应用［J］．当代经济，2013（15）．

［12］刘玉莲．初中咖啡屋小说深度阅读教学模式探究——以中国古典长篇小说《红楼梦》为例［J］．速读（下旬），2020（1）．

［13］张婷．初中语文课堂教学中组织学生参与的方法与策略探讨［J］．新课程，2020（19）．

［14］李满付．初中语文教学的课堂组织策略研究［J］．文理导航·教育研究与实践，2019（8）．

［15］张祥庆．初中语文自主式课堂教学组织策略探究［J］．考试周刊，2018（58）．

［16］王剑英．初中语文课堂新的教学组织方式探究［J］．学周刊，2018（13）．

［17］曹明宗．优化初中语文教学评价体系的探讨［J］．家长（中、下旬刊），2020（10）．

［18］崔健．试论初中语文教学评价的多元化策略［J］．才智，2020（5）．

［19］刘秋霞．核心素养背景下初中语文阅读教学评价策略探讨［J］．中外交流，2019（38）．

［20］仲毓．激发学习兴趣打造高效课堂［J］．小学教学参考，2014（21）．

［21］王艳华．创设课堂环境，培养学生创新意识［J］．赤子（中旬），2014（1）．

［22］黄文闻．浅谈教师如何创设积极的课堂环境［J］．课程教育研究，2013（11）．

［23］张健．世界咖啡屋在高校主题班会中的运用［J］．西部素质教育，2018，4（5）．

［24］赖燕琼．"世界咖啡屋"学习模式与小学古诗词教学结合［J］．教学与研究，2020，（5）．